U0031206

「緣分」是什麼？我醒悟到，緣分不是那一份等待，不是什麼都不做可以等來，而是不放棄，要努力，那不就是一種爭取嗎？

和星雲大師的緣分就是與佛有緣。

人間佛緣！

紀碩鳴

推薦序

記者要有一雙佛眼

佛光山開山　星雲

我寫過一篇短文，題目叫「我與無冕之王的因緣」。記者，負有傳播資訊的使命，也享有採訪自由的權利，因此被尊為「無冕之王」。

佛光山可以佛光普照三千界、法水長流五大洲，自然是因為有佛法、有佛祖。另外也絕不能忽略的是有新聞媒體、有記者的傳播。記得佛光山才開山不久，就承蒙一位中央社記者翁慕良先生，特別在《中央日報》上刊登一大篇新聞報導。從此，山上絡繹不絕的信眾，就成為佛光山的基本擁護者了。

紀碩鳴先生也是一位記者。他是上海人，早年移居香港，做過工人，當過教師，也行商做過生意人，最後卻選擇記者作為自己的終身職業。聽他說，做記者的理由也很簡單。還是在行商期間，雖然有豐厚的收入，但始終不習慣商人之間的應酬，厚著臉皮討價還價，看不慣爾虞我詐的虛假。因為曾任教師，閒來喜歡撰寫文章，營商之際不忘撰寫文章，所以投稿而被《亞洲週刊》接納，棄商成為記者。

紀碩鳴在任《亞洲週刊》資深特派員時到佛光山台北道場訪問我。之後有多次訪問我的經歷。他還熱心關注佛光山、關注我倡導的「人間佛教」，寫下不少關於佛光山弘揚佛法、傳播中華文化的報導。當然，他也在傳播佛光山文化中接受佛法、傳播佛法，走在成佛之路。

這麼多年來，我就是一個出家人，沒有變化，和尚是我弘法的終身職業；紀碩鳴任職記者二十多年，也沒有變化，記者成為他的終身職業。他之所以選擇記者為終身職業，還有一個理由，他說「這份職業可以幫到人」。這倒和佛光山的信條有幾分相像。

幫人其實就是一個「給」字。不要小看這一個「給」字，它實在有很大的威力。將一點水分、肥料給花草樹木，花草樹木就會長得更加青翠芬芳；給一些種子播撒在泥土中，它就會生長出許許多多的果實。給人一些慈悲，給人一些佛法，都有意想不到的效果。假如能做到：給人信心、給人歡喜、給人希望、給人方便，收穫的不只是別人，自己也能得到很大的利益喔！

自然，向大眾傳播真理就能幫到人，就是給，就能有歡喜。那一年，紀碩鳴介紹了百多個浙江、香港等地的企業家上山，向他們傳播佛光山的文化、佛法。一天到晚忙著賺錢的企業家們，在佛光山得到了那一份安靜。我們在佛陀紀念館座談，暢談佛法、討論人生。企業家們爭先恐後一起合照，非常歡喜。大家有歡喜，就是幫到人了。

幫人也不是那麼簡單的，幫什麼人、幫什麼事，自己要捨得，對社會還要有貢獻。記者也要有新聞的眼光，要講究事實、追求真理。我常說，要修佛眼：佛就是覺悟真理的人。能用佛眼看這個世間的一切眾生，彼此都是平等無差別；能用佛眼看這個世間上的眾生，都如佛子羅睺羅，所以佛眼就是智慧、就是慈悲。能用佛眼來觀照人間，世間人人都是佛；反之，你用仇視的眼睛看人，人人都是冤家對頭，唯有用清淨的雙眼，才能見到清淨的自性。記者一枝筆，對社會事件影響很大，所以做記者先要明辨是非，才能傳播真理，幫人同樣要修佛眼。

紀碩鳴撰寫的報導無數，其文章在華人社會很有影響，他得過亞洲新聞獎無數，還獲亞洲最佳記者殊榮。他出版著作不少，今又將與佛光山的因緣整理成書，由香海文化出版發行。他的心得、他的經歷，他對佛光文化的傳播，相信可以讓讀書人有所啟迪。

前言

生命的記憶

佛緣的開始

和星雲大師結緣就是和佛的緣分，雖然至今我都還沒有宗教信仰，可心早歸屬佛光山。

不過，高僧大德，德高望重，星雲大師是世界級的宗教領袖，似離我們很遠。但十多年前，我還是《亞洲週刊》的記者，有機會相約訪問，走近星雲大師，留下了永遠難忘的生命記憶。

佛光山水，那宏偉的大雄寶殿、莊嚴大佛；那青山綠竹、潺潺流水都在我心中烙印。佛光人文，法師慈悲、信眾慈善，處處溫暖。更有星雲大師智慧開示，佛陀般慈愛、和善滋潤，今我的人生圓滿就從與星雲大師的佛緣開始。

自採訪了星雲大師後，這些年來，我有幸多次拜見星雲大師，在高雄佛光山、在台北道場、在宜興大覺寺，當然還有在香港，近距離和星雲大師接觸，並寫下了十多萬字的採訪報導、心得。這些文字，記錄了拜見星雲大師以及認識佛光文化的所思、所想、所念。就只是那麼一點心得，都傳神般的穿透心靈，化作佛的教導。卻又那麼親切，就像是在和鄰家長者聊天。

第一次覲見星雲大師是二〇〇五年一月到台北訪問，相約見了台北市市長馬英九後前往佛光山台北道場。結果，在台北市政府見過馬英九市長已是中午十二點過了。趕緊打電話告訴大師表示歉意，並搭車前往。

趕到佛光山台北道場，星雲大師沒用餐一直在大廳等候。他請我先用餐，但我執意要先訪問再用餐。星雲大師說「隨意」，就餓著肚子說開了。現在想來，我的這個工作習慣有些不尊重大師，大師有嚴重的糖尿病，應該不能餓。現在每每講到此處，我都還帶有後悔之意。

那是我第一次走近星雲大師，是與星雲大師結緣的開始。

之後，有機會閱讀星雲大師送給我的書籍，大師那充滿哲理和感性的金言慎句，言語間會讓鬱悶的心情豁然開朗。人生不如意的事太多，正因為這樣，才須不斷去學習、去適應、去改變，去走近真實。訪問大師就是學習、了解佛光文化，是開示，是和佛結緣。

不過，結緣並不一定就有緣。第一次訪問大師後，連續有數年的大年初一，星雲大師從高雄佛光山打來電話給我拜年，一位高僧大德給一個凡夫俗人拜年，幾乎讓我驚訝得說不出話來。這就是真實的星雲大師，永遠謙和，永遠受人尊重！

眼中的星雲大師，一位受人敬仰的佛教領袖，任何時候他都是依做人的準則來行事，往往說的就是一個行事道理，是一種準則。雖然他不斷講好話，但即使講多好的好話，也不會改變他自身的原則和立場。

大師每天都撰寫文章，時時會正面表達意見，他希望給人向上的勇氣和鬥志。但有時會被誤解，甚至會被貼上政治標籤，這往往是令人遺憾的。和星雲大師接觸多了，我才慢慢深有體會，有了一些悟心。這些感悟寫在書中。社會不應依自己的政治立場去解讀、演繹為選舉或者是政治語言。

遺憾的是，在我第一次拜訪星雲大師之後的二年時間裡，我幾乎與佛光山「失聯」。當時的香港佛光山住持滿蓮法師曾給我寄來台灣文化人符芝瑛新作《雲水日月——星雲大師傳》，我打電話給滿蓮法師，想說一聲感謝，因滿蓮法師忙沒接電話，我放棄了；本想寫一篇書評，又耽擱了。

即使這樣，佛光山沒有忘記我，星雲大師一直給我機會。

緣分不是等待是奮進

二〇〇七年的六月，素未謀面的滿蓮法師請人轉告，約我去香港佛光山享用素齋。和滿蓮法師傾談中，我講了和他電話聯絡不果，想撰寫書評又沒有實現的經過。滿蓮法師卻輕描淡寫的說了一句「緣分不夠」。

法師輕輕一句話「緣分不夠」，讓我一下子震動了！

帶有歉疚感的我沉入深思，「緣分」是什麼？緣分並不是那一份等待，而是不放棄，不就是一種爭取嗎？這二年來，與佛光山的緣，可以訪問星雲大師，但我不主動、不努力，自然有緣也無分了！

每個人都可以和佛光山有緣分，和佛有緣分。星雲大師在台北道場等我，滿蓮法師送我《雲水日月——星雲大師傳》一書，都是在給我結緣的機會，都是對我的不放棄。然而，我卻始終沒有往前走一步，不主動續緣，不用說，緣分就在不主動、不用心，在等待中流失。

認識到這些，以後很自然的以行動融入佛光山，我因而有幸隨大師到宜興，還去揚州星雲大師發心建設的鑑真圖書館。親眼目睹大師冒著零下五度的嚴寒，手拿拐杖，沒戴帽子光著頭視察正興建中的宜興大覺寺工地，那一份認真和盡職令人動容。

那天，和星雲大師及弟子們一起早餐，數百人的大齋堂，弟子們都低頭用餐，鴉雀無聲，這一刻的寧靜，讓我心靈震撼！

星雲大師和我長談數小時，我為《亞洲週刊》撰寫了封面故事。那一次，大師首次開口挺身支持馬英九出來參選台灣總統，答應為他找一份工作。而那以後，我也找到了和星雲大師、佛光山的佛緣。

佛光山猶如我的另一個家，有什麼事我都會和相熟的法師們聊聊，也總想著要為佛光山盡一份心。

這以後不斷延續與佛光山緣分的精采故事，這些緣都因星雲大師而起，都因佛而起。我撰寫過「一筆字」；寫過星雲大師的管理思想；寫「佛光文化在海外傳播」；寫「佛陀紀念館」。完成星雲大師交給我的作業，寫《獻給旅行者365日——中華文化佛教聖典》、《百年佛緣》、《星雲大師全集》等的讀書心得。佛光山有學不完的人生，有寫不完的故事，這一切都在我人生的記憶中留下深刻印象。

二〇一一年七月，我有幸受邀來到美國洛杉磯西來大學作訪問研究。在美國聽到星雲大師踐行人間佛教的故事就更多了。我撰寫了專題報導，發表在新加坡《聯合早報》，字裡行間透露出我對星雲大師慈悲為懷博大胸襟的敬意，對佛光文化海外廣為傳播的讚許。而所有這些，我都書寫在《人間佛緣——走近星雲大師》一書中。

星雲大師倡導人間佛教，倡導人人可以成佛，他其實就是離我們最近的佛。你心裡覺得星雲大師離我們很遠，就是遠；你心裡覺得星雲大師離我們很近，那就沒有距離。大師一直在！

大師「心懷度眾慈悲願」，時時以眾生疾苦為念，大師的個人平日生活則崇尚簡單樸實。他曾說「生活中，只要有一張桌子、一杯茶水、一份報紙，人生就滿足了。」大師三餐經常以茶泡飯，一飯一菜一湯，一生一以貫之，即使再豐盛的一桌菜，他也只是簡單的吃前面的一兩樣；醬瓜、豆腐乳，這是他一生所愛。

有一年，在佛光山台北道場和大師一起用早餐，他就特地向我推薦佛光山的豆腐乳。這是由大師監製佛門自造，那份鮮美、那種爽口，人間少有。以後，我每次上山，用早餐時，都期待佛光山的鮮美豆腐乳。

星雲大師生性簡樸，買東西只求適用就好。在佛光山剛開山的二十多年中，大師客廳裡的椅子，都是撿自信徒遷入新居後不用的舊家具，他一用就是幾十年。大師的鞋、衣服，經常有補丁；一年四季，春夏秋冬，寒熱溫帶，走遍世界，只要一件夾襖，就是全部家當。一生奉行「清貧生活」，自己直到二十六歲才擁有第一個皮箱，但他認為，一生有一個就好。每次經過機場，總會想要買個東西送人，總計不知買過多少皮箱跟人結緣，但從未想要給自己留下一個。

聽法師們說，大師從小養成習慣，晚間洗澡時，為怕水聲吵人，總用一條毛巾包住水龍頭，讓水順著毛巾流下，以減低聲音；走路說話，也總是輕聲慢語；只要一出房門，穿戴整齊，一生極重威儀。

有人評論：「使佛教中興，從山林到人間，從老年到青年，從傳統到現代，從遁世到救世，從幽怨到喜樂，從寺院到會堂，星雲大師堪稱此中大者。星雲大師在海內外推動的『人間佛教』，是另一個『台灣奇蹟』，另一次『寧靜革命』，另一場『和平崛起』。」已故中國佛教協會會長趙樸初曾說：「當初佛陀未能完成的事，星雲大師都完成了。」

可以說，星雲大師是最貧窮者，又是最富有者，看你如何去體驗。可他肯定就是一位偉人，一位忘我的偉人！人說，忘我是一種境界，對於星雲大師來說，不僅僅是境界而是堅守的一生。忘我，是他生命的承諾。

雖然，以後的日子，與大師直接見面的機會少了，但始終沒有間斷與大師之間的聯繫。通過法師們的傳遞信息，和星雲大師一直在「熱線」上。星雲大師身體不佳，卻以自己毅力恢復很快，法師們都問我要不要去見見師父，我婉言謝絕。星雲大師在康復之中，少打擾為好。再則想見大師的人很多，讓人優先，我排後面就好。承蒙大師為此書撰寫序，我得到星雲大師的恩惠已經不少。

《人間佛緣——走近星雲大師》，星雲大師為本書起了書名，是希望告訴讀者一個真實的大師、一個慈愛並時刻和我們在一起的星雲大師。

走近星雲大師，在心靈跟隨大師中，我才有機會獲得這些一生受用的體驗，留下美好的生命記憶。

目次

結緣

星雲大師：

所謂緣分，
就是遇見了該遇見的人；
所謂福分，
就是能和有緣人共享人生的悲歡。
緣分淺的人，
有幸相識卻又擦肩而過；
緣分深的人，
相見恨晚從此不離不棄。

和星雲大師結緣就是和佛的緣分

初入台北道場

因為有機會和大師接近，都說我有佛緣。不過我不知道，有佛緣是因為佛與你親近，還是因為有更多機會接近佛？緣又是什麼？在見過星雲大師以前，我沒有思考過這些佛學道理，對這裡面的哲學道理也只是一知半解。正是因為有幸與星雲大師接觸，我才真正懂得緣有的時候更是一種付出，是一份捨得！

和星雲大師結緣，就是和佛的緣分；一個記者和佛的緣分，是因為採訪給了這樣的生命機會。自二〇〇五年一月第一次訪問星雲大師以後，直至二〇一四年，我幸運的幾乎每年都有好幾次訪問星雲大師的機會。大有「相見恨晚，從此不離不棄」之欣喜。

第一次採訪星雲大師，是二〇〇五年一月經朋友介紹，和星雲大師相約在佛光山台北道場。令我驚訝的是，和傳統的寺院不一樣，佛光山台北道場，不見紅磚綠瓦、金碧輝煌；也沒有暮鼓晨鐘、香煙繚繞。它直接就坐落在台北市中心的一幢很有氣派的大樓內。去過各處寺廟，無論如何都難以想像這裡就是赫赫有名的佛光山台北道場。

道場計有六層，各層面積約七百坪，是現代佛教弘法道場的新指標。每層功能多元化，有佛堂、禪堂、齋堂、會議廳、佛光緣美術館；同時，國際佛光會中華總會、人間文教基金會、佛光大學籌備處、香海文化、如是我聞，以及人間衛視，都在這裡設有辦公室。

這是廟堂，崇尚佛教信仰，但更是一個文化機構，不是傳統理解的寺廟。佛光山台北道場是結合文化、藝術、社教、傳播、弘法、共修等現代化修行平台。其中不僅有美術館分期展出古今中外書畫名家展，另外更附設滴水坊，提供文人雅士休憩品茗典雅的好地方。

說是寺院、道場，更似文化的傳播地，這就是我初入道場的印象。雖然至今我都還沒有宗教信仰，可心早歸屬佛光山。是佛光文化吸引我慢慢走近、走入，一種文化磁石的心靈溝通。

作為《亞洲週刊》的資深特派員，那一次和星雲大師相約訪問，留下了生命的記憶。佛光山水，那宏偉的大雄寶殿、莊嚴大佛；那青山綠竹、潺潺流水都在我心中烙印。佛光人文，法師慈悲、信眾慈善，處處溫暖。說是訪問，更似星雲大師的智慧開示，因為對佛知之甚少，初見大師還戰戰兢兢，怕說錯話、問錯問題。星雲大師如佛陀般慈愛、和善滋潤，有問必答，消除我心中的不安。令我的人生圓滿，就從和星雲大師的佛緣開始。

那一次是到台北訪問，相約見了台北市市長馬英九後前往佛光山台北道場。這是我第一次見馬英九，也是第一次見星雲大師。一天內有見華人世界中二位名人的機會，讓我激動且充滿期待。

約了中午十一點半到佛光山台北道場訪問星雲大師，結果，在台北市政府見完馬英九市長已是十二點過了。趕緊打電話告訴大師表示歉意。大師的侍者心平氣和的說：「大師會等你。」

趕緊搭車往佛光山台北道場，本來就忐忑不安的心情，更多了一份歉疚。

023 結緣

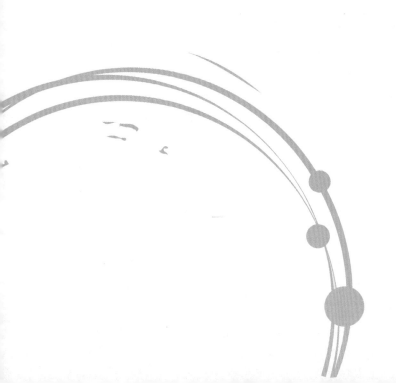

首訪星雲大師

趕到佛光山台北道場，星雲大師一直在大廳等候。他和顏悅色的問：「紀先生，午餐時間，是不是先用餐？」我表示想做完訪問再用餐。

一般我的採訪習慣就是這樣，一定是先訪問再用餐，因為生怕該講的在用餐時都講完了，邊吃飯邊聊，怕飯也吃不好，聊也聊不好，到正式訪問時又不知再講什麼了。

星雲大師聽後，也沒多說，一句「隨意」，訪問便從「捨得」兩個字談起。大師說「捨得，捨得，有捨才有得。」

訪問前十多分鐘大師都圍繞著這「捨得」兩個字，含意極深刻。採訪完臨分手時，星雲大師送我二套和「捨得」相關的叢書並簽上名，原來「捨得」這兩個字是他長期研究的心得，也貫穿生命的始終。

一篇篇文章短小精悍，有禪意、極富哲理，我很受用。

人說星雲大師是「政治和尚」，一般出家人都不樂意被如此稱呼。既然有這

二〇〇五首次採訪星雲大師

樣的「名分」，一定要當面問一下，但又怕被訪者不高興。

我小心翼翼的問：外界對「政治和尚」的評論，大師怎麼看？星雲大師不生氣，笑咪咪的回答：政治人物來看我，我當然要接待，但我不是「政治和尚」，如果說是，那我主張統一，主張兩岸和諧，說「政治和尚」也不妨。

想想也是，星雲大師是個活動家，那他也是「社會和尚」了？著書立說，是不是「文化和尚」？辦報，又有電視台，那成了「傳媒和尚」嗎？佛光山台北道場內還有「滴水坊」供應美味素食，又是「飲食和尚」了？沒完沒了的猜忌，問題就會複雜化。

請教如何做人？喜歡講故事的大師說，有一位徒弟，台大畢業後，到夏威夷讀碩士，又到耶魯讀博士，花了好多年的時間，終於得到博士，非常歡喜。有一天他回來，問大師：「師父，我現在得到博士學位了，以後要再學習什麼呢？」大師說：「學習做人。」學習做人是一輩子的事，沒有辦法畢業的。一輩子的學習該學什麼？大師一口氣講了七個人生必須「學習」的內容，包括：「學習認錯」、「學習柔和」、「學習生忍」、「學習溝通」、「學習放下」、「學習感動」、「學習生存」。

我明白，星雲大師是在告訴我，做人就是學而不倦，精進不止。

反覆閱讀星雲大師那充滿哲理和感性的金言慎句，心情會豁然開朗。人生不如意的事太多，正因為這樣，才必須不斷學習，去適應、去改變、去走近真實。訪問大師就是學習、了解佛光文化就是學習，是和佛結緣。

文章寫後即發表，二〇〇五年的大年初一，我驚喜的接到了台灣佛光山的來電。電話的那一頭是星雲大師，他要給我拜年，還誇我專訪文章寫得好，可以當總編輯！德高望重的智者，竟禮讓在新春給一個記者拜年，讓我真正學識了什麼叫謙和！

意外的驚喜，一輩子都忘不了。星雲大師來自台灣的電話祝福：「紀先生，我給你拜年！祝新年吉祥！」那一句慈祥的祈福，讓我的生命頓時沐浴在陽光雨露之中。以後接連數年，每逢年初一，星雲大師都給我掛來電話。我想，這就是我的佛緣了。

不過，和星雲大師接觸多了你會明白，別以為星雲大師在誇你，你就真以為自己了不起。大師一向推動慈悲待人，對所有人他都實踐「三好」：做好事、說好話、存好心。不過，這其中的道理，我也是慢慢領悟的。

台北道場外觀

大師講的是佛教語言

十年以後的二〇一五年，台灣又掀起大選前哨戰。台灣新一任總統候選人蔡英文上佛光山看望星雲大師，大師講了一些誇獎之言，引起台灣藍營人士的不滿。不少人指責星雲大師怎麼去為一個綠營的台獨人士說好話。星雲大師為此，專門撰文說明原由。和大師接觸多了，我懂得大師的真實用意，隨後寫了一篇文章，講講自己的心得。

我撰文〈星雲大師說的不是選舉語言〉，分享自己的心得。

台灣的選舉文化深入生活，一進入選舉階段，看什麼都和選舉有關。講話、餐敘、握手打招呼，甚至連走路姿勢都會被選舉標籤為政治符號。平時燒香拜佛，說些好話，都是為人之道。但選舉熱情高漲時卻不一樣。進了誰的佛門，你笑一笑，在什麼場合對誰笑，都會被解讀為是選舉語言。開始會覺得這很好玩、很可笑、很帶勁刺激，久而久之就有些煩了，因為正常生活受到困擾了。

我在文章中寫到：「人間福報」台灣選舉系列報導轉眼已經出到五十七期了，

這一期的作者由星雲大師直接署名撰寫，標題是〈觀音、媽祖都可以選總統〉。為什麼星雲大師要發表署名文章呢？那是因為不久前，正逢前高雄縣老縣長余陳月瑛女士九十冥壽，星雲大師出席「余陳月瑛女士紀念策展」。講話時，星雲大師稱讚時任高雄市長陳菊是愛民服務的「媽祖婆」，她曾幫助過佛光山解決過很多困難，民進黨總統候選人蔡英文在場，她民調高，星雲大師也讚一個「媽祖婆」。星雲大師撰文是要說明為什麼「觀音、媽祖都可以選總統」，因為他早前的一句話，被認為挺了蔡英文，惹出了藍營人士的不滿。

觀音、媽祖為什麼都可以選總統，星雲大師在文中論述得很清楚了。我想說的是，藍營人士不必為星雲大師說一句「蔡英文是媽祖婆」，可以當總統而怒火中燒。其實星雲大師說的不是選舉語言，他只是在踐行一般的做人道理。

星雲大師倡導人間佛教，推動三好運動——「做好事，說好話，存好心」，鼓勵在日常生活中，應儘量給人歡喜、給人信心、給人方便，並在這基礎上追求一個和諧的社會，也希望信眾們能身體力行實踐。

早年我採訪星雲大師，文章刊出後恰逢農曆新年，大師特別致電給我拜年，大師登門拜年，嚇我一跳。他還誇我文章寫得好，可以當總編輯。開始我還真以為自己了不得，受到德高望眾的星雲大師稱讚，還很得意。後來接觸多了才知道，星雲大師對任何人都是多說好話，鼓勵為主，對他的徒弟、信眾同樣如此。

事實就是這樣，可以當總編輯的記者很多，但可以當是一回事，能不能當上是另一回事了。因為，星雲大師是在鼓勵眾人向好，最終能夠當上而皆大歡喜。但要看你自己的造化、努力，是否有天時地利人和的優勢，看人民是否擁戴你了！

我眼中的星雲大師，一位佛教領袖、高僧大德，任何時候他都是依做人的準則來行事，往往說的就是一個行事道理，雖然他不斷講好話，但即使講多好的好話，也不會改變他自身行事、為人的原則和立場。社會不應依自己的政治立場去解讀、演繹為選舉或者是政治語言。

031 結緣

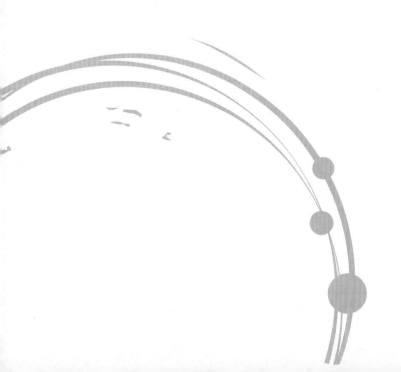

刊出專訪第一篇文章

採訪星雲大師的第一篇專訪刊在《亞洲周刊》第十九卷第八期，題為〈星雲新年祈福共生吉祥〉。文章以我和大師的交談為主要內容，也將我的人生感悟一起撰寫出來與讀者分享。

專訪這樣寫道：星雲大師一生致力推動「讓不同存在，以求同」，認為宗教離不開社會，社會離不開政治；宗教關心全人類、全社會，比關心民主自由更上一層；幫許家屯，其實是幫中國；贊成一中，希望兩岸和平統一。

每年農曆新年，佛教界精神領袖、台灣佛光山開山宗長星雲大師都會揮毫，以春節墨寶，祝願世界和平，為人類祈福。這年農曆新年前，星雲大師又為其弟子寫下了「共生吉祥」四個字，而大師對新一年的美好祝福，是要將愛遍灑人間。每年都是四個字，星雲大師笑稱，因為這比較容易，但事實上，每年的四個字充滿著星雲大師內心的感悟，而且每一年都體現了這個時代的精神。

一九九九年舊世紀即將結束，大師寫下「圓滿自在」；迎接新世紀，大師留

人物

以一己慈心悲願，化為世間無比願力

星雲新年祈福共生吉祥

星雲大師一生致力推動「讓不同存在，以求同」，認為宗教離不開社會，社會離不開政治；宗教關心全人類、全社會，比關心民主自由更上一層；幫許家屯，其實是幫中國；贊成一中，希望兩岸和平統一。

・紀碩鳴

星雲大師小檔案

一句感恩五十五年

青銅一夢

余光中

夢迴中美兩國 情歸東西文學

捨得捨得，先要捨才能得，先付出才能有收穫

〈星雲新年祈福共生吉祥〉一文刊登於《亞洲週刊》二〇〇五年二月二十日第十九卷第八期

一九九七年十月二十五日第一所佛光希望小學於廣東省廣寧縣設立，香港佛光協會會長嚴寬祜主持落成典禮

下「千禧萬福」的字句；遭遇到「九一一」恐怖事件，大師希望「世紀生春」，讓陰影永遠離去。也有人想發財，但大師說不能寫「富貴發財」，太俗氣了，就寫「安樂富有」吧！不管怎樣，都反映了星雲大師慈悲為懷的心境：「慈悲喜捨遍法界，惜福結緣利人天，禪定戒行平等忍，慚愧感恩大願心。」

雖然，星雲大師稱「共生吉祥」的祈福只是有感而發，卻實在是因為他深為台灣嚴重的族群問題、海峽兩岸的分裂危機、宗教的不和而擔憂。他要倡導友愛，強調這就是人類「共生吉祥」的基石。大師強調：「只有共生人類才能吉祥。」而這過去的一年中，星雲大師做了眾多共生吉祥的事情，他遠赴美國、巴西、智利、德國、泰國、韓國、馬來西亞等多國弘法；他發起台灣國際佛光會與大陸的中國佛教協會聯辦「中華佛教音樂展演」，地點選擇在奧斯卡金像獎頒獎地——洛杉磯柯達劇院，使美國南加州華人首次藉兩岸佛教組織進入該著名劇院舉辦活動；國際佛光會在中國大陸創辦的「佛光希望中小學」，有近三十所落成，兩所興建中，為大陸近萬學生提供就學機會。

二〇〇五年一月二日，在星雲大師倡導下，台灣的宗教界，包括基督教、道教、佛教等舉辦聯合祈福法會，尋求共生，謀求合作團結。星雲大師表達了自己意願：這個世界上每一分子能共生才好，一個社會張王李趙都不一樣，大家要互助才吉祥。星雲大師說：「國際間友好聯誼更重要，我與羅馬的教宗成為朋友，也見達賴喇嘛，與馬來西亞的前總理馬哈迪也很友好，我覺得不同教派，不同的宗教文化要互相尊重。讓很多不同都存在，那色彩才美麗；族群共生共榮，朝向真實美好。」

馬來西亞政府希望華人團結，六個華人部長聯合邀請星雲大師前去演講。在馬來西亞，星雲大師連續講了十多天，每場至少兩萬人以上，六位華人部長每場必到，希望以此方式團結華人。

台灣大選後，星雲大師提出「大和解救台灣」，籲請台灣各政黨諸公回到談判桌上議論講說，以大和解挽救台灣的未來，並提出「不念舊惡、不計前非、坦開心胸、各自讓步」的和解之道。「讓不同存在，以求同」，這是大師一生致力推動的。大師「以一己的慈心悲願，將身心奉獻塵剎，將一切勞頓，轉化為無比願力」。說「人類一定會有很多相同之處的，兩岸如語言相同、生活習慣相同，國家也要認同，我想台灣不少人都會認為統一沒什麼不好，歐盟都統一了，宇宙都要統一的，大家都在往統一的路上走。」大師言道，這就是今年寫「共生吉祥」的主旨。

星雲大師每年的祈福之語，是一種期望，他認為也一定會有些效果，有人看到後會有些感悟，轉化為正義的信念。

有一次星雲大師為義賣籌款，他也揮毫寫下四個字，當時就有一男士走來，開口要以六百萬新台幣買這四個字收藏。星雲大師感到訝異，就問那位男士：

「我並不擅書法，為什麼可以值六百萬？」男子回答：「其實我的感恩遠不止這六百萬。」因為這位男子曾經潦倒，在電視裡面聽到星雲大師講的一句話，感悟很深，又再奮起，重新飛黃騰達。他說：「大師，我這六百萬不多吧！」

有一次，星雲大師在電視中講了一個故事，五十五年前，有一個小孩在掃地，而星雲大師則在寺院教書，小孩問道：「人家都做麵條給你吃，為什麼不給我吃？」星雲大師回答：「像這樣掃地，我掃了十年，你掃十年就有麵吃了。」

前不久，星雲大師收到一封來信，來信者說他就是那個小孩，雖然時間過去五十五年，但大師當年的那句話令他刻骨銘心，現在他在潮州開店經商，生活很好。

人生的感悟，有的時候就是因為一句話、一個道理。星雲大師之所以可以成為大師，就是在人生磨練中悟道。他也曾經有過困惑，有人稱他為「政治和尚」，星雲大師就非常放不下，他說：「我喜歡文化，文化和尚都可以，我願做善事，慈善和尚也好了，為什麼偏要叫我『政治和尚』？有人勸我，政治就是說明有力量的意思。」星雲大師不認為自己有什麼力量，只是有善心願意助人而已。

星雲大師將他對人生、做好事的感悟寫下來，如《迷悟之間》、《往事百語》、《佛法真義》等。他的著作成千上百，光翻譯成外國文字就有英、德、法、日、印尼、馬來文等十七種。快八十歲了，這一生中，星雲大師沒有度過假，禮拜天更忙，更多的人需要大師。甚至他生病了，住在醫院，還要做事，他口述文章，叫弟子寫下來。大師勤於寫作，有時一天寫好幾十篇，堅持了十二年。他說：「我都是像擠牛奶一樣逼出來的，現在寫就不累了。」

星雲大師說「我訂報你閱讀」，很多人你叫他看書報，他說沒有時間，那可以訂給他看。大師訂了幾萬份報紙送人，佛教送報刊於人閱讀也是布施。我自己沒有時間看，讓人幫我看，這只是歡喜。

一九六七年，星雲大師變賣高雄佛教文化服務處房屋，購得高雄縣大樹鄉麻竹園二十餘甲山坡地作為建寺用地，於五月十六日破土，定名為「佛光山」。佛光山自開山以來，轄下海內外三百餘所道場，一百多個佛光會，會員超過幾百萬，信眾更是年年持續增加。佛光會秉持「以文化弘揚佛法，以教育培養人才，以慈善福利社會，以共修淨化人心」宗旨，多年來在文化、教育、慈善、弘法等方面對社會貢獻良多。

第一次採訪的時光，佛光山擁有從外國、大陸讀博士畢業的出家人四十個，有碩士一百多，大學或專科畢業的一千多。現在就更多了。

泰國本來不承認女性出家，有一位泰國女性，在佛光山學佛六年畢業，可以說一口標準的中文。不久前，泰國有兩百多個比丘到北京訪問，由她任翻譯。由於她在這次文化交流中的出色表現，泰國政府破例承認女性出家人，因此她成為泰國第一個比丘尼。

超越民族、國家，星雲大師成為人間佛教的實踐者、推動者和完成者。本世紀，奧地利政府設立一個能源獎，要星雲大師代表亞洲去受獎。宗教與此好像風馬牛不相及，路遠且文化也有差異，但大師感悟到重視世界能源分配，人類要融和，宗教也要參與這種融和，便欣然接受了。

那一年，星雲大師出家六十七年，是佛光山開山宗長，但退位近二十年了，為了人類融和，以求普世價值，一路走來，拋開一己的雜念，為的是「給人信心、給人希望、給人歡喜、給人方便」。凡事總想到「他人」，想要「給人」。

第一次對話

訪問星雲大師，很多時候是一問一答，我問什麼大師都有問必答，毫無顧忌。第一次訪問星雲大師花了一個多小時，差不多到下午二點才用午餐。現在想來自己有些固執，對不起大師，讓大師餓著肚子接受採訪。

第一次享用佛光山的素食，留下的不僅是美味，那一份清靜的感受，也讓人難以忘懷。佛光山的義工來自各地各界，不少人大有來頭，星雲大師有機會就會一一為我介紹。

以下是採訪星雲大師的主要內容摘要。

您是佛教的精神領袖，您說您不是要參與政治？

參與政治沒有，關懷社會是有的，我們辦宗教離開不了社會，社會離不開政治。我們沒有向政府申請經費，也沒有要政府的一官半職，但是我們每個人都有國家。大陸和台灣對峙，我們當然希望和平，這也是政治吧！我們都在政治影響之下，要繳稅，年輕的出家人都要當兵。你說宗教不關心政治，恐怕也不對，我關心全人類、全社會，甚至比關心民主自由更上一層，我們強調要幸福美滿，人民快樂。自由民主了，活得不快樂也不行。

您幫了許家屯，好像大陸就不太諒解？

許家屯（新華社香港分社前社長）在美國，他沒有做對不起國家的事情，他也不背叛共產主義，也不與民運人士來往，也不與新聞界來往，這是他的四不原則，到美國以後一直是這樣。我們是好朋友。這幾年不准我去大陸，後來可以去但有限制。我幫許家屯，其實是幫中國。一個孩子出走，我幫他收留了，這是好事，不會給人帶來麻煩的。同樣的一件事，有的人把它想成壞的，你也沒有辦法。

您對兩岸關係怎麼看？

我贊成一中，和平統一，一中共生自然統一嘛。但台獨的基本教義派很麻煩，謝長廷先生現在搭建協商平台。由於過去幾年的接觸，我認為他比較和平的。

這次立法院的選舉，才把陳水扁的氣焰降下來，我們也很興奮，你說這樣的政治我們能不關心嗎？

人生最重要的是什麼？

人的心，人的精神世界很重要。你不給他心靈的安頓，讓每個國民的心漂浮是不利的。我與中共的高幹有機會就講，現在大陸經濟成長、軍事強大、政治穩定，國際上刮目相看，但有個問題，就是缺少心理建設，我的意思是要重視宗教、重視文化建設，要包容，有容乃大，共生才吉祥。

您退位後，佛光山現在已經是第幾任了？

已經退位十八年了，我是第一代，現在已經是第七任了。四年一任，代代相傳，世代交替，讓年輕人早日接班。這對社會也產生了影響，我看現在企業界都在倡導。

您是如何考慮世代交替，而不施行終身制？

我出家在南京，我出家學禪學的時候，看到許多叢林大寺院都是「十方叢林」，意思是眾多的大寺，是佛教僧伽所共有。都是三年一任，我在這兩個寺廟中，看他們換了好幾任，我覺得這很好。後來到其他地方看到做到老死的，後代發生紛爭，我覺得還是世代交替好。世代交替，在佛教中有傳統，印度二十八祖傳了一代又一代，到中國來傳了六祖，到我是四十八代，現在佛光山是四十九代。總之人是沒有萬歲的，但精神和思想可以傳下來。

您覺得人在付出時，自己又得到什麼呢？

你祝福大家，把幸福快樂帶給大家的時候，看起來是給人了，但給人的背後，你自己得到了更多。捨得捨得，先要捨才能得，捨在前面。這個世界，你要擁有，必須要先付出，你要勤勞才能得到，不播種哪有收穫？

很多時候，您捨的時候有人並不認可，反而要批評您，您會怎麼想？

我想真正想擁有胸懷的人，這樣的蜚言流長並不重要，因為每人的看法不一樣。對於宗教徒，在信仰者心中會非常的珍貴，但不信仰的人會認為很醜陋。

像耶穌，你信他是神，不信的就當之魔鬼，佛祖也一樣。宗教是兩極的，一半對一半的。但我們的宗教是提倡一致的，最好的最和平的。一些不如意的事，是他們不了解，不懂得，我們也不怪罪他們，這個世界就是一半對一半，光明一半，黑暗一半，神聖的一半，罪惡的一半。

您說光明和黑暗是一半一半，您自己在哪裡？

我不敢說我就在光明的那一半，我只能說我這一半做得比較好些。世界集權一半，民主一半，永遠是正邪各一半。你不敢說自己是哪一半，但希望大家都可以做光明的一半。

大師沒有在正規學校讀過書，卻知識淵博，這是如何做到的？

對於自我的要求、自我的思維、自我的心中世界，你要去了解體會它，要了解自己的內心。看到的世界只是外相，不能相信，在佛教叫悟。僅知不夠，知識是知之有限的，一部分的，局部的。你研究什麼就是什麼專家，我們沒有研究什麼，我們就要求我們的行動要講求明白，要悟道。我不知道自己是否悟道，但我確實對每種行業、每類人我都有心得，都有關懷，覺得眾生是一體的。

滿蓮法師點醒我

遺憾的是，第一次拜訪星雲大師之後的二年時間中，我與佛光山「失聯」。忙著其他採訪和撰寫文章，我幾乎就和佛光山沒有什麼聯絡。期間，香港佛光山住持滿蓮法師曾給我寄來台灣文化人符芝瑛新作《雲水日月——星雲大師傳》。收到書，我打電話給滿蓮法師，想說一聲感謝，然而因滿蓮法師法務繁忙沒能聯繫上，我當下放棄了；看完《雲水日月——星雲大師傳》，本來想寫一篇書評，但採訪的事很多，又耽擱了。總之，各種各樣的情況和理由，讓我總與佛光山擦肩而過。

《雲水日月——星雲大師傳》書影

直到二〇〇七年的六月，滿

蓮法師主動請人轉告，約我去香港佛光山享用素齋。第一次去佛光山香港道場，和滿蓮法師傾談中，我講了和她電話聯絡不果、想撰寫書評又沒有實現的經過，並表示遺憾。滿蓮法師卻輕描淡寫的說了一句，「緣分不夠」。

僅僅這四個字，讓我一下子震動了，同時也點醒了我。

我一下子不出聲，進入深思中。明明是我自己懶，不是緣分不夠，而是我自己主動不夠。滿蓮法師沒接電話，表示在忙，我為什麼不能再打第二次呢？想到寫書評，想到就應該去做，為什麼又不動筆呢？

滿蓮法師的話讓我頓醒，「緣分」是什麼？我醒悟到，緣分不是那一份等待，不是什麼都不做可以等來，而是不放棄，要努力，那不就是一種爭取嗎？這二年來，與佛光山有緣，我卻不主動，不努力，自然有緣也無分了！

滿蓮法師送給我一本《星雲八十》，星雲大師誕辰八十週年的歷史影像文集，那時正要前往印度採訪一位高僧，我問滿蓮法師，能否將書帶給他。滿蓮法師連說「可以，可以」，一邊又拿出一本好重好重的書給我。帶著厚厚的二本書離開，更帶上了滿蓮法師給我的人生感悟。

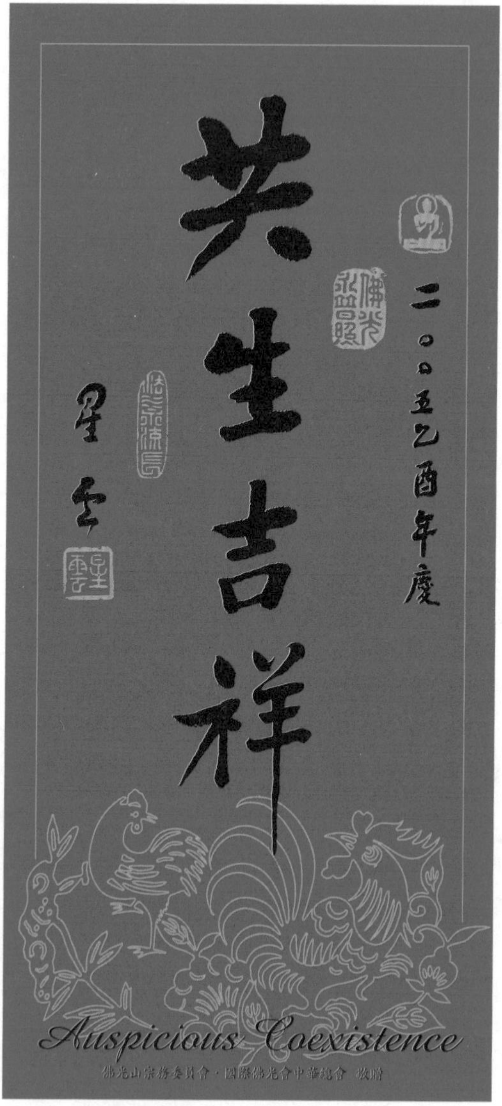
共生吉祥
二〇〇五乙酉年度
星雲
Auspicious Coexistence
佛光山宗務委員會・國際佛光會中華總會 敬贈

二〇〇五年春聯墨寶

我帶著書去印度上山見高僧。得知是星雲大師的書，這位高僧興奮的急切打開。果然，裡面還有他們二位佛教教主的合影。我拍了照，傳回給滿蓮法師。年尾接到滿蓮法師電話，星雲大師來到香港了，問我有沒有時間見面。佛光山的法師們總是那麼的客氣，見星雲大師是大家的心願，當然會丟下一切往之，但法師們都會和顏悅色的以徵求你的意願來告訴你。

那時我在上海休假中，接到通知就趕回香港。遺憾的是，飛機延誤，我又遲到了。星雲大師還是一如既往，靜靜的坐在大廳等我。我很幸運，大師等待的，是為我接上佛緣的那一刻。

那一晚，我跟大師說，想了解佛光文化，撰寫佛光文化。

星雲大師告訴我，如果願意，十二月可以跟他一起去宜興大覺寺，那裡正在興建祖庭。

大師不斷給我機緣，讓我有機會沐浴在佛的陽光雨露中。和佛光山的緣分，是何等的來自不易。星雲大師說：「無論何等緣分，都離不開珍惜二字。」是呀！機緣來自不易，彌足珍貴。

如果不是滿蓮法師多次主動相約，可能我的人生就與佛光山擦肩而過了，可能我永遠享受不到這份佛緣。

星雲大師說，在這個世界上，凡事不可能一帆風順，事事如意，總會有煩惱和憂愁。當不順心的事時常縈繞著我們的時候，我們該如何面對呢？「隨緣自適，煩惱即去」。

星雲大師告訴我們該如何去面對這份緣分：「其實，隨緣是一種進取，是智者的行為，愚者的藉口。何為隨？隨不是跟隨，是順其自然，不怨恨，不躁進，不過度，不強求；隨不是隨便，是把握機緣，不悲觀，不刻板，不慌亂。緣在惜緣，緣去隨緣。」

051 結緣

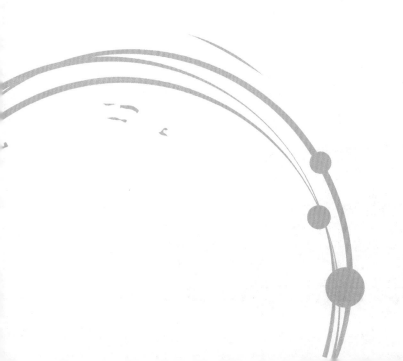

追隨

星雲大師：

經常有人因為關心，
問我為何要在大陸重建寺院？
這其中有很多的因緣，
除了回饋出家的祖庭，
特別是想到我們同文同種的十四億同胞，
假如我不能給他們一點幫助，
增加他們的信心，
充實他們的精神，
增益他們獲得幸福安樂的人生，
實在是覺得內心有愧。

宜興大覺寺旁雲湖

文化之旅

二〇〇七年的十二月底，為了解佛光文化，我受邀跟隨星雲大師訪問江蘇宜興。那裡，星雲大師正在修建一座寺院。這是一趟文化之旅，了解佛光文化，了解星雲大師的文化情懷。

星雲大師年僅十二歲，尚少年時就在宜興大覺寺出家當和尚了。二十一歲的時候，長大成人，他的師父志開上人帶他回到祖庭禮祖。此時，時任宜興市教育局任姓局長來相見，這位當地不小的官員還挺會識人。

任局長看星雲大師年紀輕輕，就問：「你從哪裡來？」大師回說：「我從南京來。」對宜興這小地方來說，南京是大都市，局長一聽覺得了不起，就說：「哦！從南京來的，不簡單！」也不徵求意見，接著說：「這裡有一所國民小學，現在正缺少一位校長，就由你來做吧！」就這樣，年紀輕輕的星雲大師二十一歲擔任了白塔小學校長。不過，在戰亂中，這段時間並不長。

以後，就是戰亂，就是數十年的兩岸分離，直到中國改革開放後的一九八九年，星雲大師組織弘法探親團返回大陸探親，才得以數十年後再回到祖庭禮祖。以星雲大師在宗教界的聲譽，大師受到了大陸方面的歡迎。

時任江蘇宗教局局長的翁振進好意的對星雲大師說：「你可以回來建寺廟啊！」星雲大師有點驚訝，一個外來和尚可以回來建寺念經？於是回問他：「我身居台灣，能到大陸建寺院嗎？」他說：「可以，你原本就有寺廟，恢復不就好了？」

後來宜興市政府便撥給了一片土地，約莫一百多公頃，恢復重建祖庭大覺寺。星雲大師的祖庭是在白塔山上，原址已經沒有土地可以重建了，多年來，老百姓早已在此地蓋了房子居住。現在於宜興重建的大覺寺，並不是原地重建。雖然如此，大師沒有忘記他自小記憶中的白塔山，就在重建的大覺寺土地上興建了一座白塔，取名「多寶白塔」，以回報當年的恩情，也祝福當地居民都能多寶，都能富貴。

建成的多寶白塔一共有十五層樓，功能多元，為信眾和民眾提供服務。無論是祝壽、婚禮、會議或聚會，裡面的禮堂、教室、會議室空間都可以利用。成

星雲大師山門題字——佛光祖庭大覺寺

為當地的社區中心。

不過，我第一次去宜興大覺寺星雲大師祖庭時，周圍很空曠，不遠處還有一大片深茂的竹林。除新蓋的宏偉主樓，大多還是荒地。那時大師的祖庭其實就是一個大工地，一個宏偉大業尚在醞釀中。

回到出家地，星雲大師本來是不想建寺的，因為大陸寺廟太多了。看到地方上父老鄉親的家園都不很寬敞，星雲大師本想在此地建造一個社區中心，為老百姓喜喪婚慶時提供服務。不過，當地政府堅持一定要星雲大師來恢復大覺寺，並選址二千畝，坐落在一片廣袤的竹林區和水庫邊。

那時，一期工程已經完成，建了大堂、

藝術館和滴水坊。「大覺寺」的大門正中央，懸掛一塊星雲大師親題「佛光祖庭大覺寺」的紅底金字匾額，醒目耀眼。重修「大覺寺」，星雲大師除了報師恩惠民眾外，更期待兩岸佛教交流，神州佛教復興。

二期工程要建大雄寶殿，即將動工；第三期工程建一個美術學院；第四期工程在山上建摩崖石窟，類似雲岡、龍門、敦煌。這裡將是佛教聖地，又是文人薈萃的聖地。

星雲大師返家鄉，當地政府自然興奮，提出要將大覺寺面對的水庫改名為「星雲湖」。大師堅決不同意，他認為，返回祖地協助復興佛教文化，不為樹碑立傳。「對於中華文化的復興，推進宗教的淨化，弘揚人間佛教、普世的

大覺寺大雄寶殿及白塔

二〇〇七年十二月星雲大師冒著零下五度的嚴寒視察宜興大覺寺工程

法則，這才是我們的希望。」

那年的冬天特別寒冷，屋頂和樹木掛上了一層霜，地上滴水成冰。星雲大師去查看工地，我跟著一起去了。老人家冒著零下五度的嚴寒，手拿著拐杖，一旁還有慈容法師。我記得，地上放著幾隻塑料小凳，作為未來建築物的道具，拐杖成了星雲大師的指揮棒，來到主樓的上層，星雲大師登高望遠，拿拐杖指向遠方，很有大將風範。可以想像，佛光山的江山就是大師如此三番指點出來的。

抬頭一看，我嚇一跳，星雲大師居然沒有戴帽子。這麼寒冷的天氣，屋簷掛著冰柱，他光著頭，寒氣一定從頭頂往下逼的。可星雲大師全然不顧，一臉正氣，猶如一員大將在指揮一場戰役，那一份認真和盡職令人動容。

當晚，我掛單在寺院，第一次在寺廟過夜，好生新奇。房間裡不能看電視，沒有收音機，那個時代還是有點不習慣。好在每間房，佛光山都備有書籍，我翻翻書，便早早入睡。第二天起早，和星雲大師及弟子們一起早餐。

星雲大師讓我和他以及另外一位台商坐在前排的單獨一個小桌，品味佛光山自製的美味豆腐乳。

數百人的齋堂，眾弟子和信眾們都低頭用餐，鴉雀無聲。這一刻的寧靜，讓我心靈震撼！

一碗番茄麵

在大覺寺，我品味到最美味的番茄麵，據說這是星雲大師的創意，紅紅的番茄醬汁漂浮在湯面上，香甜中略帶著一些番茄的清酸。麵條入口不硬不爛，恰到好處的感覺到嚼勁。一個偉人之所以偉大，就是因為一點一滴，一樁樁小事，他都做得那麼認真，那麼精緻！即使這一碗普通的番茄麵，從湯到麵，從味到色，都恰到好處的令你感到舒適。記得這一碗番茄麵，當時售價是五元人民幣。

一碗貌似普通的番茄麵，是星雲大師於素齋感悟的最佳詮釋。原料是番茄、麵條、素菜。將番茄切塊、炒製、去皮，熬成番茄泥，不加任何添加劑色素，純天然。自然淡粉紅的茄汁蓋在素麵上，加上幾根青菜點綴，光色彩就是滿分了。

雖然講不出什麼特別，卻是我吃過最妙的番茄汁，最可口的番茄麵。由於熬製精心，細膩純天然的番茄泥在口中可以全方位覆蓋各個角度的味蕾。

原汁原味番茄泥，又有湯汁，不像西餐義大利麵番茄醬的繁雜和濃重。原料簡單，過程猶如與番茄耐心對話，是用心做素食到極致的完美詮釋。

每一處佛光山都有滴水坊。滴水坊這個名稱，就是來自星雲大師的心路歷程，初到台灣，作為外省人，曾經挨餓，於是發願讓大家能夠吃得飽。滴水之恩，當以湧泉相報。所以，到滴水坊品嘗素齋的「人間眾僧」，當以修心，修感恩之心、惜福之心、敬畏之心。

那天，聽香港佛光道場住持永富法師在滴水坊向我分享：一進門，一句問候吉祥，而不是阿彌陀佛。吉祥是塵世追求的安然狀態，不用佛教用語問候，為了讓大家聽得懂並感到親切。佛光山講究的是文化，一壺蓮花茶，一杯圓滿茶，處處體現了星雲大師的人間佛教思想。

星雲大師為人謙和，不過講到素食，他會不客氣的將幾十年來素食烹飪的經驗向你道來。

大師說到素食比葷食更好，當然煮菜的人也要能把素食煮得好吃，人家才肯吃素。因此，鼓勵佛光山轄下道場要把素食煮好，讓前來參訪禮佛的人都可以歡喜的吃素。大師自謙一生不敢說自己有什麼長處，倒是覺得自己能煮好一手素菜。但是人生不一定事事都能如意，雖然自己歡喜做素菜給人吃，卻一直沒有機會做。不過，對於如何做素菜，還是可以傳授幾招。

星雲大師專門介紹佛光山的幾款麵條，提到吃麵，煮麵都是工夫，吃麵無須配菜，倘若吃麵的人還要吃菜，那就是不懂得吃麵；煮麵的人在麵裡放了很多菜，也是不會煮麵，頂多只能放一樣。

番茄麵看似簡單卻有所講究。煮番茄麵要先把番茄燙過，然後把皮剝了，甚至番茄子也掏出來，剁得很碎，之後放進油裡熬爛，熬得如同番茄醬一樣，再加入一點醬油，接著放水，下麵條。煮番茄麵最重要的是不可以煮得太糊。

倘若沒有番茄，豆漿也可以派上用場。星雲大師還介紹另一款豆漿麵，原味豆漿加入一點水，滾過之後，再下麵，最後放一點鹽，就可以吃了。

豆漿麵，大概是因為佛光山特有，也很特別的緣故。這還是我以後上去高雄本山（佛光山）才品味到的。我一直讚賞番茄麵，心心念念的就是番茄麵。一次上山用餐，慧是法師提點我可以試試豆漿麵。

豆漿麵是佛光山滴水坊的招牌麵，又稱「佛光麵」，由星雲大師親自傳授、指導的創意料理，運用簡簡單單的食材，雖然沒有添加複雜的醬料，卻有著無比香濃的好滋味。

第一次嘗到佛光麵真讓我大開眼界，沒想到看似簡單的食材竟可如此美味，豆漿、豆包、青菜、蘑菇、拉麵煮成了一碗讓人回味無窮的佳餚，乳白色的汁類似高湯，鮮美中略帶清甜。Q彈的麵體配上一口青菜、一口豆包再加上濃郁的豆漿湯汁，吃出了食物的原汁原味，就像做人一樣，簡簡單單就好，一點也不複雜。

星雲大師說，人生無論做什麼事都要講究藝術，做菜也是一門藝術，所謂色、香、味，一樣都不能少。素食的材料，一般是青菜、蘿蔔、花菜、各種瓜類。素食比較清淡，不像葷食本身有味道，所以要將味道煮出來就須靠本領了。

做人不也是這樣嗎？人之初性本善，一張白紙，什麼味道，什麼色彩都沒有，最終是否可以成人，就看你自己的造化，自身的本事了。

不過，千萬不要誤以為簡單就是佛光山的特色，要講究的話，佛光山師父可以燒煮道地的素食。素食葷吃的那份美味和逼真，會讓人連連叫絕。

撰寫封面故事

那次跟隨星雲大師行走佛光文化之旅，與大師長談數小時，我為《亞洲週刊》撰寫了封面故事〈慈悲與智慧彌合兩岸裂痕〉。也就那一次，大師首次開口挺身支持馬英九出來參選台灣總統，答應要為他找一份工作。而那以後，我也找到了和星雲大師、佛光山的佛緣。

那時剛剛迎來二〇〇八年的新春曙光，推動「人間佛教」的台灣佛光山星雲大師，近年走出當年「政治」事件中幫助許家屯而被北京限制入境的陰影，穿梭台灣與大陸之間，化解兩岸裂痕。他倡導「中國大陸對台灣要慈悲，台灣對大陸要有智慧」，悲智結合，防止兩岸擦槍走火危機，率領全球千萬信眾，為兩岸的和平與繁榮而努力。

兩岸劍拔弩張時，而今邁入重頭戲，新的一年開始之際，期盼兩岸走出崎嶇路的願望同樣縈繞在星雲大師的心中。台灣要入聯、返聯公投，大陸限制台灣的國際空間，兩岸的分歧在加深，星雲大師覺得，兩岸要「眾緣和諧」，解開

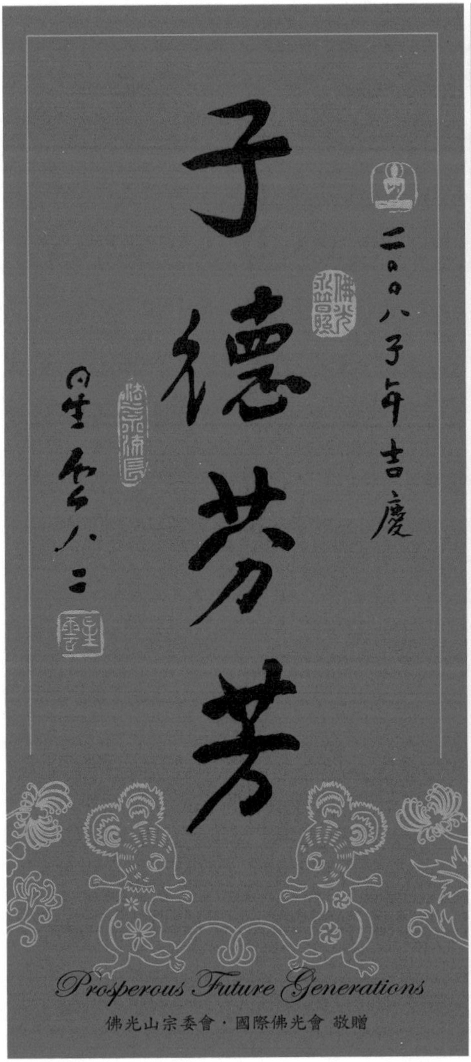
子德芬芳
二〇〇八子年吉慶
星雲八二
Prosperous Future Generations
佛光山宗委會．國際佛光會 敬贈

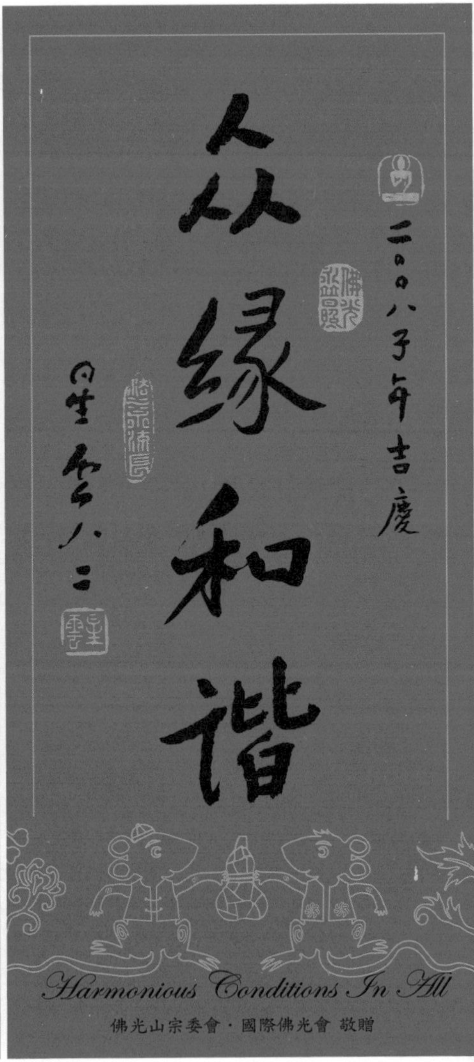
众缘和谐
二〇〇八子年吉慶
星雲八二
Harmonious Conditions In All
佛光山宗委會．國際佛光會 敬贈

二〇〇八年春聯墨寶

這個結的條件是，「中國大陸對台灣要慈悲，台灣對大陸要有智慧，慈悲遇到智慧，智慧遇到慈悲，很好，這合起來就叫『悲智雙運，好合統一』，才會營造更為穩定的社會環境。」

二〇〇八年是台灣的選舉年，又遇上北京舉辦奧運，世紀交替時來運轉，星雲大師擔心台灣的安定，擔心的是兩岸擦槍走火的危機，「不能衝動，不能有暴力，和平最重要」，大師一直默默祈禱。星雲大師認為，兩岸的統一，未來是必然的，但統一的道路該怎麼走下去是一個考驗。他表示：「大陸要愛台灣、愛台灣人。這個愛是沒有敵人的，慈悲沒有敵人。而台灣領袖與老百姓要用智，重智慧可以化解敵意。」台灣是一個小島，沒有更多的資源，星雲大師說：「台灣要靠智慧生存，不可以走偏旁的路。台灣人要認清台灣人的未來在哪裡？我認為，台灣人未來的前途在統一，因為台灣必定要靠大陸，生存才有條件。」台灣是小島經濟，應該融入國際，而在國際關係中必須要有一個強大的國家體系，「中國強大了，對兩岸都有益，何必要分裂呢？」

以慈悲和智慧化解敵意，構建和諧，星雲大師身體力行。從那時的二〇〇七年算，懷著一顆慈悲心，星雲大師七十年前出家皈依佛門，六十年前來到台灣，四十年前自立門戶創建佛光山，二十年前創建佛光會，遍布世界各地的佛光山寺院有二百多座，出家弟子一千多位；世界各地的佛光協會有一百七十多個，下屬分會有三千多個，全球信眾無數。星雲大師說過：「人文要復興，佛法應該不分種族、不分國籍，應該平等，佛光等於太陽，光明有誰不需要？既然需要，就要佛光普照，法水長流。佛法就在我們心中，有人要了，我們就要給他。」

為著復興人文奔走世界各地，十三億中國人更是星雲大師所牽掛。有段時間，星雲大師幫助了因為「政治」事件，而出走美國的前中共新華社香港分社的社長許家屯，不允許進入大陸；後來允許進入，但有限制。不過星雲大師始終如一，他懷著慈悲之心，除了弘揚佛法，傳承中華文化，為拯救受苦受難的心靈以外別無他求。他說，中國文革後中華文化在復興，也尊重過去固有的道德，但社會經過動亂，人心、人性受到影響，等於房子有損傷必須修補，衣服壞了要縫補。「我覺得，整個社會人心變了，也須修補，胡錦濤倡導和諧社會，就是修補人心，建設新的中國，讓中國在和諧的主題和旗幟下復興。」

大師想到，中國發展不能光靠物資的救濟，也不是光靠經濟的補助，大陸經濟發展，重要的是心靈的淨化、情緒的管理、心理的治療、精神世界的薰陶，讓人的道德觀念提升，讓人的智慧發揮光輝，「這須要講授、影響，給予大家示範。假如佛教在大陸有所表現的話，我主要是想要幫助大陸建立社會的秩序。」

星雲大師的慈悲和智慧讓他在大陸受到歡迎，也讓他有機會協助大陸復興佛教事業。

069 追隨

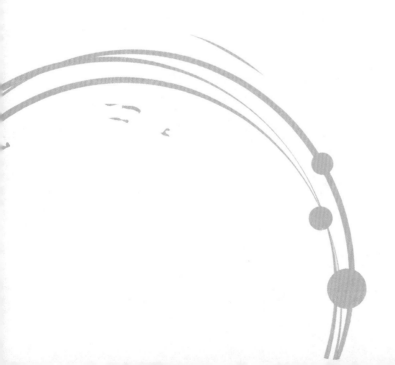

親送保暖用品

二〇〇七年十二月三十日，北方的寒流南下，氣溫降到零下五度，佛光山祖庭大覺寺在星雲大師的主持下，為當地居民送暖，近百貧窮家庭的代表領到了大覺寺送出的保暖用品，這是尚未建成的大覺寺第二年迎寒冬送暖的善舉。大師在發表講話時稱，這是回饋當地居民對他的厚愛。

那是七十年前，星雲大師在大覺寺出家時，有次出去化緣，一日之內，他化到二石米，對宜興老百姓的慈悲心他至今感恩不盡。星雲大師感謝當地居民天寒地凍的趕來支持他做好事，「如果沒有你們支持，我好事也做不成。」事後，星雲大師說，他很希望這些老人家可以很有尊嚴的接受贈品。做事、說話，都要站在對方的立場上，為對方考慮，這就是星雲大師的慈悲之心。他要「給人信心、給人歡喜、給人希望、給人方便」，星雲大師一生施捨的理念，慈悲寬容的善心，成為佛光山的信條，也可成為化解兩岸裂痕的動力。

出家人四海為家，星雲大師稱自己是地球人，沒一處是真正的家。他在台灣

二〇〇七年十二月三十日星雲大師於祖庭大覺寺親送保暖用品

快六十年了，一些台灣人不承認他是台灣人，說星雲大師是外省人，大陸來的。幾年前他回大陸，到了家鄉揚州，家鄉人都不認識他，都說這是台灣來的和尚，於是，星雲大師自己為自己定位，是地球人。「只要地球不嫌棄我，我就在地球上作貢獻」。「地球人」的定位，又成為星雲大師四處施捨的更大力量。

「大家喜歡，我樂意奉獻」，這是星雲大師一直掛在嘴邊的話。他「以一己的慈心悲願，將身心奉獻塵剎，將一切勞頓，轉化為無比願力」。對星雲大師而言，奉獻似乎是他一生的追求。二十多年前，他辭卸佛光山住持，懷著希望整合眾信徒成為一支弘法的佛教勁旅的理念，星雲大師組織了「中華佛光會」，要讓佛教從寺院走入社會、走入家庭，從僧眾的佛教到信眾的佛教。佛光會的隊伍迅速擴大，以後又成立了「國際佛光會」。佛光山寺院出現在哪裡，信眾組織的佛光會就在哪裡出現。

《八千里路雲和月》的製作人凌峰說，「中華文化弘揚到全世界，我不了解，但我看到的是佛光山的五個比丘尼在歐洲默默耕耘，他們把中華文化帶到歐洲。」這已是十多年前的事了，現在歐洲佛光山的僧人已有五十人，增加了十倍。在美洲有八十人，在澳洲也有五十人，在非洲二、三十人，亞洲的菲律賓、馬來西亞、香港都有。

可惜的是，這些比丘、比丘尼與星雲大師一樣四海為家，不以寺院為自己的，隨時要調職，任期一到就要調離。任職、調職制度，比中共的外派幹部還來的嚴格。大師說：「這裡不屬於任何人，你在此做，信徒尊敬你，但任期到時你就要調走。讓我們的人才像活水一樣，要流動。」按規定，流動大概是三年一任，可以連任一次，六年以後再要續任，必須要三分之二以上的宗委同意才能繼續。

星雲大師表示：「佛光山值得向世界各宗教組織驕傲的說一聲，它有制度，所以大家相安無事，你出家，屬何階級，修學幾年，你的事業、學業、道業進步到什麼程度，給你升級，順利的話，一共要四十二年左右，才能升到大師，等於上將，一般不容易到達的目標。」

很多宗教團體都有傳承接班的問題。那時，星雲大師退位後，佛光山住持已經傳承了第七任了，佛光山有九個宗務委員，一個當選，還有八個委員，星雲大師認為傳承不是問題。

不過，星雲大師說他自己退了佛光山住持的位，但沒有退和尚身分，還要做一天和尚撞一天鐘，要把思想繼續傳承下去。

從佛光山到佛光會，從出家人到在家人，責任更重了，講經弘法以外還要組織活動。國際佛光會世界總會祕書長慈容法師數十年跟隨星雲大師，他表示大師重視社會活動，為了讓年輕人有更多的機會參與，他弘法，不光是自己演講，而是將弘法活動組織成一個綜合性的節目，讓年輕人唱歌，一個個上台講五分鐘。早年還沒有音響，都是由人來講，佛光會還專門到日本購買幻燈片，講佛教的故事，讓年輕人了解佛教，令人耳目一新。

那一年，大陸宗教官員首次到台灣觀看佛光山的活動，上萬人在台北「巨蛋」沒有聲音，紀律嚴明。不僅出家人受教育，信眾在禮儀、做人處事方面都有嚴格訓練。他們注意到，佛光山的出家人頭髮長短都相差無幾。原來，佛光山連剃髮都制度化，規定時間一起剃。那位大陸的宗教官員要將這一制度帶回大陸，要讓大陸的和尚向台灣的和尚學習。

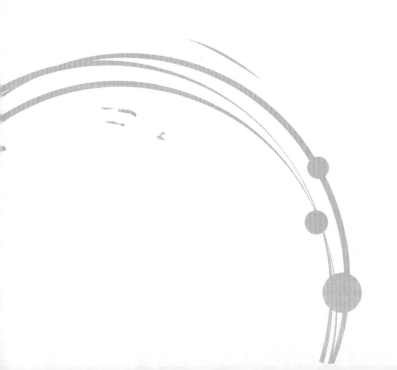

鑑真圖書館

完成了宜興祖庭的行程，又隨星雲大師來到揚州，在這裡，星雲大師捐建了一座鑑真圖書館。

二〇〇三年十月，星雲大師應邀出席鑑真和尚東渡日本一千二百五十週年紀念活動，發心捐建鑑真圖書館。二〇〇五年六月五日，坐落在揚州大明寺院內的鑑真圖書館破土動工，占地百畝，建築面積達一萬六千多平方米。依星雲大師的設想，鑑真圖書館集書刊借閱、佛學研究以及藝術展覽等多種文化、教育功能於一體，還設立報告廳，有近千人的座位，並開設「揚州講壇」，每月二次邀請二月河、錢文忠、余秋雨、高希均等兩岸最有影響的文化人開講，連國家宗教局長葉小文都已經排在榜上。星雲大師要實現以佛教、文化溝通兩岸，彌合兩岸裂痕的願望。

鑑真大師是唐朝人，一千三百年前，五十五歲受日本遣唐使的邀請，歷經十二年的時間，五次失敗，在六十六歲時到了日本，途中犧牲了很多財物和

二〇〇八年元旦鑑真圖書館落成，星雲大師視察鑑真圖書館

人命，得力弟子就死了三十多人，他帶去的四百多人中，有建築、農業、藝術等各種專家。星雲大師說，日本的建築像中國，穿的衣服、用筷子都是中國的，鑑真大師的貢獻不小，他可以稱為日本文化之父。

感念日本將鑑真大師的一幅畫像送還給揚州，揚州政府和中央也支持要辦一所鑑真大學，所以星雲大師就先辦一個鑑真圖書館，二〇〇八年元旦落成，「揚州講壇」首次開講。星雲大師希望文化可以從現在的北京向南方發展，南北呼應。星雲大師說：「佛教不是我星雲個人的，應該是國家的財富，國家的寶藏，應該讓全國人人都能獲得智慧寶藏，促進生命的輝煌，促進這樣的文化。」

二〇〇八年元旦「揚州講壇」首次開講

他更希望立法，讓中華文化可以發揚光大。

中華文化的發揚光大，應該就從兩岸文化交流開始。一九八九年，星雲大師率領弘法探親團到中國大陸訪問，踏足闊別四十多年的故土。正是在這次旅途中，星雲大師有機會應中國佛教協會前會長趙樸初之邀，到西安法門寺瞻仰佛指舍利，當下生念：這樣的法喜應該讓台灣民眾和佛教徒共享，並向趙樸初表達了心願。

經過了十多年的溝通，因緣漸熟，兩岸終達成共識，以「星雲牽頭，聯合迎請，共同供奉，絕對安全」十六個字為最高原則，促成佛指舍利赴台。

二〇〇二年二月二十三日，海峽兩岸官民共襄盛舉，由專機承載釋迦牟尼佛的指骨舍利，由佛光山開山宗長、台灣佛教界恭迎佛指舍利委員會主任委員星雲大師，聯合台灣佛教界，親自恭迎護送到台灣。

以文化及宗教交流破冰，超越政治的兩岸佛教融和，成為五十年來的首次親密接觸。之後，兩岸開啟的文化交流大門，融入了更加多元的因緣，星雲大師成為從不缺席的一員。非典型肺炎（SARS）期間，因為疫情特殊，人心不安，兩岸佛教界在廈門共同舉辦「為降伏非典國泰民安世界和平祈福大法會」，星雲大師在諸位高僧大德中作為主賓；佛光山梵唄讚頌團作為台灣佛教團體，首次正式與大陸進行音樂交流，星雲大師在上海大劇院致辭感謝，轟動兩岸佛教及文化界；二〇〇四年二月，海峽兩岸共同組成了「中華佛教音樂展演團」，公推星雲大師為名譽團長，在世界各地演出。短短幾年中，兩岸宗教、文化交流如火如荼，星雲大師功不可沒。

「子德芬芳，眾緣和諧」，星雲大師在二〇〇八新年揮毫寫下的春節墨寶，在歲末年初頗為搶手，北京國務院宗教局專程派官員向星雲大師請五百張，還分送不夠；台灣官員和民眾都將春節墨寶貼在家中或辦公室顯眼處；星雲大師世界各地的弟子，在迎接戊子鼠年之際，亦以「子德芬芳」祝福。擔憂台灣政治人物挑動的嚴重族群對立、海峽兩岸的分裂危機、宗教不和，星雲大師倡導友愛，強調這就是人類「眾緣和諧」的基石，他一生致力推動「讓不同存在，以求同」，要以其道德理想和實踐來彌合兩岸裂痕。新一年來臨之際，星雲大師讓我透過《亞洲週刊》寄語：「消除兩岸和平的障礙，大陸要更慈悲，台灣要更智慧，『子德芬芳，眾緣和諧』。」

星雲大師自小皈依佛門，以慈悲和智慧為一生的信念，從一個平凡和尚到創造佛光事業，他積聚眾人願力，堅持佛光普照，眾緣和諧，堅持慈悲和智慧彌合兩岸裂痕。

081　追隨

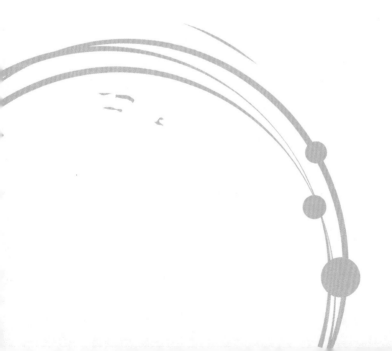

支持台灣，支持台灣良心

星雲大師說他不是支持馬英九，而是支持良心，支持台灣的良心；台灣最怕的是人心墮落，要靠佛教的力量，挽救社會人心。

臨近歲末，剛剛在香港紅磡體育館參加完七千多人皈依的法會，佛光山開山宗長星雲大師十二月十七日晚間又在香港佛香講堂與千多名弟子和諧接心，緊接著趕赴台北的國父紀念館主持「二〇〇七佛光山傳授在家『三皈五戒』戒會」，參加「三皈五戒」民眾相當踴躍，甚至有人從智利遠道而來。星雲大師指出，大家皈依受戒後，要有「我是佛」的自覺，學習佛陀的慈悲智慧，力行菩薩道，共同用信仰的力量來護持台灣眾生。面對台灣的政治紛爭和社會的道德墮落，星雲大師要以宗教的力量協助台灣重新站起來。

星雲大師創立了佛光山，之後又創辦了佛光會，將佛光事業國際化，成為國際上有影響的宗教領袖。但星雲大師心繫台灣，最放不下的還是台灣。

台灣這幾年來的政治亂象，使得台灣人心敗壞，道德淪亡，風氣不好並影響民生，這讓星雲大師憂心。接受我訪問時，星雲大師表示：台灣的問題最怕的是人心墮落，這個二千三百萬人活在那裡不快樂，你說我怎能不掛念、不擔憂？

已經八十高齡的星雲大師，奔走在兩岸三地弘揚佛法，他要挽救社會人心，要靠佛教的力量，「讓大家向真向實，讓大家自立、自主、自強，讓大家每一個人憂國憂事憂民，每個人講奉獻，講服務，不自私、不貪心，每一個人對社會要有捨我其誰的責任，要不計較報酬。」星雲大師說：「其實，人在世界中，我們能活下去，就是最大的報酬，要加緊結緣，這是我的心願。」

台灣兩位「總統」候選人馬英九、謝長廷和星雲大師都是好朋友。星雲大師透露，當年曾力勸馬英九三個小時，讓他挑戰陳水扁出來參選台北市長。二〇〇七年十二月二十八日馬英九機要費案二審宣判無罪的當晚，馬英九和星雲大師通了電話，星雲大師第一時間祝賀馬英九，還婉拒馬英九的謝意，大師說我「不用謝，繼續加油，路還很長吶。」不過星雲大師認為，馬英九勝算很高，雖然擔心陳水扁還會有難以預料的招數，但星雲大師認為，「這不是那麼容易的」。星雲大師看好馬英九，還透露當年力勸馬英九出選市長的「祕密」。

星雲大師公開挺馬英九，以他在台灣數十幾百萬的信眾，無疑成為馬英九最重要的助選員。接受我的採訪，星雲大師道出心中的祕密。

為什麼看好馬英九？

擁護馬英九，是因為他清廉。至於有人說馬英九很軟弱，我認為不是，他不在其位，為什麼要天天講一些空話呢？他很務實，我和他有二十年的交情了。

三個小時力勸馬英九？

當年出選台北市長，我也勸他好幾個小時，他不肯做。我請他到我的地方來，那天晚上講了三個小時。他是不是受我的影響去選台北市長我不知道，總之我這麼做了。

當初說服馬英九的理由是什麼？

因為民進黨主張台獨，陳水扁要連任，令台灣走上很不幸的道路。我叫馬英九要勝過他，挽救台灣，政治人物要有擔當。那時李登輝當總統，馬英九並不喜歡李登輝，所以他不想出來參選。但是我自己間接知道，李登輝希望馬英九出來參選台北市市長，我跟馬英九說了。後來在競選很吃緊的時候，李登輝一直不開口。

我心裡想，政治人物就是難捉摸，馬英九如今陷於苦陣，李登輝都不肯助一臂之力。後來，李登輝講了一句話，我也很歡喜。李登輝說：「馬英九是我們的新台灣人」。這句話漂亮，我們都是新台灣人，都是台灣人。現在住在台灣的，不能都說是外省人。

台灣政黨紛爭，您支持誰？

早前選黨主席，現在選台灣總統，每一個關鍵時刻，我都會在《聯合報》寫評論文章支持馬英九。我一寫文章，他都會打電話給我，說聲「謝謝」。其實，我又不是支持馬英九，我是支持我的良心，支持台灣，支持台灣人民，支持台灣的良心，支持未來的國家。

請您說明公民權利。

出家人也有公民權利．你說出家人，為什麼要涉足政治？我是公民呀！我又沒有被褫奪公權，我為什麼不能愛國？我們出家人一樣要去當兵，要去繳稅，要去選舉，我為什麼不能表達道義，選賢與能呢？這是我們的責任。

您是宗教領袖，能否影響政治人物？

這不是我所能知道的。我們的願望是希望能用宗教的精神、道德的力量、我們的慈悲心來加持他們，但是他能做到多少、做不做到就不知道了。真真付出的人都想有收穫。我想，這樣做了就好了，我不要感謝，我做的這些是每一個有良知的台灣人應該做的，是本分。

那麼您在其中追求的又是什麼呢？

我追求的是人人歡喜，人人幸福，人人感到對生命的滿足，對前途無限的希望，樂觀進取，積極奮鬥。我的主張是給人信心、給人歡喜、給人希望、給人方便，我覺得給，表示我們富有，不能給，貧窮就會降臨。所以，給的人生很美麗，我主張感動的世界，我們要讓人家感動，我們自己也要因為人家的好而感動。

謝長廷以前也經常求助您，還有聯絡嗎？

謝長廷先生的「和解共生」就是我給他的意見，我送給他的。我講「共生地球人」，大家共同在地球上生存，應該和諧和好。他要做行政院長的時候，常來找我，大家是好朋友。我了解到謝長廷性格上是活潑的人，只是有時是被逼上梁山，人在江湖身不由己，不得已。

過去在選高雄市長，我有跟他說明，我說，我是國民黨，吳敦義要出來選舉，我義不容辭要支持他。不過，我不會破壞你，你要加油，後來謝長廷當選了。他跟我也還有來往，也曾將高雄市的一級主管帶上佛光山，他也跟我一起同台跟民眾作講演。我覺得謝先生這個人很善良的，他也有宗教的信仰。但是從小與國民黨的因緣，成為一個人一生的責任。好像我是出家人，就成為一生的和尚一樣。國民黨就一生的國民黨，成也好，敗也好，就是我一生的追求。我想我們這種一生的情操，應該是不能改變的。現在民進黨太落伍，應該讓國民黨來執政了。但基本上，我們對國民黨還是賢能重要，黨派不重要。有時實在失望，我出國去了，不投票了。也有過這樣的情況。

這一次，您覺得馬英九的勝算機會大不大？

這個是肯定的，這也是凡是真愛台灣的，凡懂得未來的政治對社會的重要力量，也懂得是非的人，應該有一個正當的選擇。馬英九在民間住了八十幾天，這是了不起的，我想這八十幾天，那麼深入民間，將來做總統會很有用處的。

馬英九正直親民，有原則，作為總統應該有這樣的道德形象。有人說他太清廉，不沾鍋，水清魚難養，跟他在一起的人很辛苦。我覺得總統不這樣不行，難道貪汙合法？違法是對的嗎？

大陸有人擔心馬英九當選，兩岸關係不能走出新步伐，您認為呢？

這不要擔心，馬英九不是小孩子，不是初出道。他做過法務部長、台北市市長等職，他做事的能力、道德形象、為人處事都經過考驗和磨鍊，值得信賴。兩岸怎麼走，可能也不是馬英九一個人所能決定的，是由大陸的影響、台灣全民彼此的意向共同來決定。

這次大選是否對台灣的前途非常重要，台灣人民應該持何態度？

國民黨的生死存亡在這次選舉，台灣人民未來的幸福也在這次選舉，中國大陸和台灣之間的關係也看這次選舉的結果。這次大選，是歷屆選舉中最重要的一次選舉，我們希望是君子之爭，和平落幕，誰勝誰敗都是時也、運也、命也，落敗者不幸，但不要造成更大的不幸。我們有擔憂，有識之士都有擔憂，但希望這是杞人憂天，不必擔憂。

傳播

星雲大師：

佛教，
不要把它完全看成是宗教，
它也是一種文化。
文化就不拘是你的、
是他的，
而是大家共同擁有的歷史財富。
文化講求平等，
要與全世界對等的交流。

美國西來大學

西來大學訪問學者

為了了解更多的西方世界，我有意到美國學習一段時間。星雲大師知道了，他請美國西來大學時任校長吳欽杉發來邀請信函，歡迎我到西來大學為訪問學者。在西來大學，我學習語言，了解美國文化，進一步懂得星雲大師佛光文化傳播的意義。

二〇一一年的七月十日，來自香港的飛機降落在美國加州洛杉磯機場。出關時還差點出了事，因為我使用了美國十年期的旅遊簽證進關。海關人員問我來美國做什麼？我如實稱在西來大學做些研究，寫些報導。

海關人員聽罷直接把我請去小房間談話，「警告」說這簽證是不能有任何工作意圖的。還在電腦上記錄。害得我簽證到期，再前往香港總領事館簽證時，簽證官還特別的提醒我要注意，十年簽證只是旅行簽。

所幸，當時美國海關沒有為難我，告誡後放行了。美國朋友小許來接機，害得他在外面等了二個小時。

走出機場，當觸碰到加州的陽光和清新空氣時，一切都覺得是那麼美好。雖然已經不是第一次訪美，卻讓我這做了十多年新聞的老記者感到新奇。以往來美國，都是採訪完匆匆而返，對美國還沒有太深刻的印象。這一次放飛自己，還有星雲大師支持，心情特別的不一樣。

這是位於美國加利福尼亞州洛杉磯柔似蜜的一所私立大學，學校正值放假，雖然素未謀面，但吳校長把一切都安排妥當。

一九九一年星雲大師成立西來大學。創辦理念很簡單，星雲大師說，很多西方人士都到中國去辦學校傳播文化、文明，台灣的輔仁大學、東海大學都是西方天主教、基督教創辦的學校。「西方人到東方來辦學教育東方的子弟，來而不往非禮也。假如我們經費夠，禮貌上也應該到西方去辦學，這叫禮尚往來。」中國經濟崛起，星雲大師在美國投入的卻是教育和文化。

於是，在一九九〇年，佛光山的教團向加州教育部申請成立西來大學，獲得核准。一九九一年春季，西來大學開始招生授課，到二〇一一年剛好二十年。這是一所美國至今獨一無二由華人投資創辦的大學，陸續設立了宗教研究、工商管理、心理學及英語專業等四個科系。二〇〇六年獲得美國西區校院聯盟（Western Association of Schools and Colleges，簡稱 WASC）的認證（accreditation）。早於一九九五年已獲准核發外國留學生簽證檔（I-20 form），可以招收國際留學生。西來大學獲得美國西區校院聯盟的認證後，學生獲得的學分受到全美國其他大學的學分認可。西來大學還正式被聯合國教科文組織任聘為「國際大學校長協會（IAUP）」的會員，並受邀參加二〇一〇年年底該會年度聯盟會議，以此確立了西來大學在美國的地位。美國政府遇到有關佛教方面的問題，也會向西來大學要求諮詢。

這也是一所綜合類學科的普通高等教育大學，宗教學系有博士、碩士班；西來大學還很特別的設立佛教布道的碩士班，全美國只有三個學校有這類班，西來大學是其中之一，專為美國一些如醫院、軍隊、監獄等特殊行業培養布道師。工商管理有企管碩士，還有高階管理碩士在職專班（EMBA）、本科生。心理學設有碩士和大學部。至今，西來大學培養的學生近五百人，不少成為美國乃至世界不少領域的優秀人才。

秉承星雲大師「把知識留給人類，把大學留在人間」的辦學理念，西來大學強調教學的應用性，讓來自世界各地的學生，又走入世界各地。至二〇一一年，西來大學的二百三十八位在校學生，來自世界二十八個國家和地區，美國本地的學生占了三成多。

在美國的軍隊、醫院、監獄都要設立布道師，布道師須透過正規培養以領取執照。但過去幾乎清一色都由基督教布道師擔任。二〇〇八年西來大學成立了布道系，正規培養佛教布道師。佛教布道系培養的學生畢業，有一位應聘至美國軍隊，成為全美認證的第一位佛教布道師。

二〇一〇年九月，另一位還在學的碩士班學生，又正式加入美國軍隊，擔任佛教布道師。擔任學生會主席的莫尼卡，也選擇了布道專業，她的理想是學業有成後加入海軍，上美艦布道，同時周遊世界。莫尼卡對有人誤以為西來大學是佛教學院不以為然，「美國學生在這裡感受最多的是中國文化。」

九月十四日，世界華人工商促進會總會長李農合，帶領來自中國大陸的五十多位企業家，與美國的企業家共三百多人，在洛杉磯聖蓋博希爾頓大酒店舉行

「第三屆中美企業家戰略合作峰會」。我專程聯絡了主辦方，邀請西來大學校長吳欽杉出席峰會，並以特別嘉賓的身分受邀請上主席台發言，向中美企業家介紹西來大學。

吳校長介紹了佛光山開山宗長星雲大師最早到美國「投資」文化及教育，是因為星雲大師認為西方基督教也到中國投資教會學校，有來不往非禮也，所以在二十年前力排眾議，創辦了西來大學。西來大學由佛光山投資，但不是佛教大學，也不是華人學校，而是進入美國教育認證系統的正規大學。他說：「在西來大學就學的學生，最多的是本地的美國人，其次才是來自中國的學生。這是華人在美國創辦的第一所，也是唯一一所大學。」

西來大學不僅得到美國的認同，也在中國教育部備案，得到中國政府認同。他歡迎需要進修、提高文化知識及語言的企業家們到西來大學。

發言結束後，吳校長即刻被中美企業家們圍住，詢問情況、交換名片，還有的要把孩子送到西來大學讀書。一個幾分鐘的簡短發言，在與會的華人中引起很大回響。

097 傳播

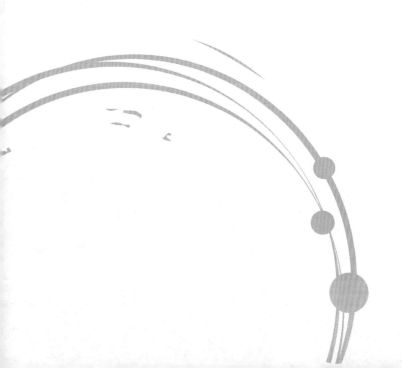

美國建西來寺

在美國期間，我調查訪問，撰寫了萬多字的〈佛光文化〉專題報導，在新加坡《聯合早報網》發表，將佛光文化走向世界作了粗淺的總結。報導就從西來寺寫起。

美國西部洛杉磯哈仙達崗南邊山坡地上，山林環繞、綠樹懷抱中的金黃色雄偉建築成為當地座標，這是佛光山西來寺所在地。西來寺取義於「佛法西來」，二十年前，佛光山的開山宗長星雲大師在此建寺，又將西來的佛法散播美國和西方，希望「東土佛光普照三千界，西來法水長流五大洲」。更具意義的是，佛光文化帶來

美國西來寺

的中華文化，在全球一體化中，讓美國了解中國、融和中國，進而更需要中國文化。佛光文化傳播的不是單一的宗教文化，而是中華文化，營造的更是中華軟實力，走出中華文化輸出的祥和之路。

讓世界了解認識中華文化，讓中華文化融入西方是富裕起來的中國夢。中國成為世界第二大經濟體，中國製造的產品，從玩具到 iPad，強烈衝擊著美國市場。中國和國際交往亦日益廣泛，硬實力不斷得到世界肯定的同時，中國期待成為文化大國，讓世界認識真實的中國。二〇〇七年，中國國家主席胡錦濤就提出，中國必須增強中國的國家軟實力，通過舉辦北京奧運會和上海世博會，試圖提升中國的國際影響力。中國政府還在〇九年至一〇年期間，投資了四百五十億人民幣實施「國家公關計劃」，加強對中國文化的報導。

二〇一二年十月二十五日，中共十七屆六中全會通過的《中共中央關於深化文化體制改革推動社會主義文化大發展大繁榮若干重大問題的決定》公布，要全力建設社會主義文化強國。從二〇〇四年開始，中國探索在海外設立以教授漢語和傳播中國文化為宗旨的非營利性公益機構，取名為「孔子學院」。至二

○一一年八月底，各國已建立三百五十三所孔子學院和四百七十三個孔子課堂，分布在一百零四個國家（地區）。

台灣馬英九總統倡導軟實力，仿效日本、韓國，在海外設置「台灣書院」，希望透過「華語文教學推廣」、「台灣文化多元推廣」、「漢學研究與台灣研究推廣」，希望成為台灣對外的文化視窗，向全世界推廣具「台灣特色」的中華文化。海峽兩岸以輸出文化造勢，在經濟崛起聲中也要讓文化崛起。

對於頗具規模的「中國文化」輸出，西方社會感受到壓迫，加拿大國家安全情報局稱，孔子學院是中國意圖取悅西方的一步。一些與中國關係較差的國家，如印度及日本的官員也曾懷疑孔子學院本身不僅傳授漢語，同時也傳授意識形態，意圖影響各國對中國的評價。二○一二年，中美之間還曾因為孔子學院中國教師的簽證問題發生不愉快。美國國務卿希拉蕊更向《時代》雜誌表示「美國不能在軟實力方面對中國讓步」以針鋒相對。

中國在和平崛起的過程中，希望以文化融入世界的探索，並不比改革開放經濟發展之初來得輕鬆。美國普林頓大學哲學博士游芳憫教授說：「東西方之間所有的衝突都源自文化的衝突，能阻止這種衝突的也就是文化，政府強行文化推廣，不如民間文化交流來得自然。」

在美國學習研究過程中，我真正感受到了佛光文化的柔軟力量。

佛光山就是以文化起家，注重民間交流。遠在民國四十八年（一九五九）還沒有佛光山之前，就已經成立了「佛教文化服務處」出版佛教圖書。數十年來，一直秉持著「以文化弘揚佛法」的宗旨，從事文化弘揚的工作，並走向世界。相較當今兩岸的文化硬輸出，佛光文化在美國是柔性的、自然的融和。

三十多年前，佛光山開山宗長星雲大師應邀參加美國開國兩百週年的慶典，第一次踏上這片土地時，敏銳的察覺到此地文化豐富多元、和平包容，加上移民美國的華人日益增多，需要一個寄託精神的中心，特派慈莊法師到美國建寺，期望將佛教乃至中華文化弘揚於西方。

星雲大師弘揚文化的路開始同樣走得艱難。當年決定建西來寺時遭到質疑，有人認為不必蓋寺，應該建立醫院更實際。星雲大師認為，美國有很好的醫療條件，沒有必要去蓋醫院錦上添花。「在美國蓋一個寺院，可以把中國文化帶入，在東南亞一帶，寺廟在哪裡，文化就會帶到那裡。」

西來寺一九七八年開始籌建，遭到當地居民反對。美國人重視環境的優雅、整潔，認為華人吵鬧、髒亂，華人集中會讓地價下跌，寺廟會帶來煙霧彌漫影響環境等一連串的質疑。美國政府前後歷經六次公聽會、一百多次協調會，都無法表決通過。

此時，有一個美國白人迎娶的越南太太來到此地定居，因為思念家鄉，終日以淚洗面，情感無處寄託。當她知道附近有星雲大師創建的白塔寺，走入寺裡朝拜，平復了心情。她的先生雖然是基督徒，看到妻子在佛教文化引領下走出迷途，帶來家庭祥和，非常感動。在又一次聽證會上，這位美國人站出來，以自身經歷游說居民支持建寺計劃，西來寺終於在一九八五年獲准建寺。

一九八八年十一月二十六日西來寺舉辦落成典禮。落成之時，當期《生活》（Life）雜誌形容西來寺為「美國的紫禁城」，譽之為「西半球第一大寺」。西來寺秉持佛光山的宗風，不是簡單為西方人士成立一個學佛的道場，促進東西文化的交流。這座具有多元功能的國際性道場，「以教育培養人才，以文化弘揚佛法，以慈善福利社會，以共修淨化人心」，弘揚人間佛教於歐美，建立人間淨土在西方，積極推廣各項弘法利生的事業。

文化傳播中心

說是廟宇，美國的西來寺實際上是當地的一個「社區中心」，當地的華人甚至各種膚色的家庭，大人要上班，把放學後的孩子寄託在西來寺，下班後接回。學生在此選擇參加各類培訓班，學中文、學樂器、研修電腦、補習課文。即使不是信眾的當地居民，西來寺也是他們的活動中心，隨時可以到西來寺藝術館參觀，隨時可以來西來寺品味素食，在休息室抄經練書法，週末家庭旅遊。

這個「中心」慢慢讓美國人從不接受到了解，還獲得越來越多的美國人喜歡。在星雲大師本土化理念影響下，西來寺的佛光會融入社區，每年都會有大型的掃街美化街區的活動；農曆新年都會有居民日：請當地居民到西來寺用餐，獻燈祈福寫毛筆、做燈籠、打坐等；美國國慶來臨，參加遊行活動，西來寺的花車一定是最特別的；寒冬來臨，會向當地居民送「暖」；每年感恩節時，會向當地中小學生發放獎學金，學生學習成績好但家境清貧者都由學校提名，經評議獲獎。

西來寺的美術館經常有展覽，西方人也會送上自己的藝術成果來此地展出。西來寺前任住持慧濟法師（心保和尚）稱：「西來寺並不僅僅是傳統意義上出家人為信眾建立的燒香拜佛尋求心靈寄託的平台，而是一個現代的社區文化中心。」二〇一一年，西來寺信眾有一萬五千多名，每年農曆新年來參訪及參加各類法會的人數多達五萬人之眾。

這樣的「社區文化中心」更吸引美國各類團體、學生組織前來參觀、了解中國文化。當地的美國人自願加入成為義工，當導遊、解說。八十多歲的 Mr. Donald Ryan 就是西來寺義務導遊，有西方人團體前來參觀，他掛上名牌，帶領著美國人四處參觀。西來寺為當地帶來祥和，吸引更多人來此居住，地價也因此升高。還有不少美國人學習佛法，皈依佛教。

洛杉磯第四區議長 Mr. Don Knabe 表示，西來寺在當地民眾不安焦慮時，扮演很好的公益團體角色，利用其設施和平台為社區服務，以和平善意、慈悲熱切協助人民。「從一開始，西來寺就是當地居民的好夥伴，美國遭遇金融危機，佛教給你心靈希望，還有大家都渴望的和平與和諧，西來寺就是這樣一個組織。

我認為，西來寺給所有民眾不一樣的生命感受。」

星雲大師的佛光山，是非政府的民間團體，沒有政府的資源，以傳播文化為出發點，以融入本土，依靠本土為號召，多年來已經在世界各地建立三百多處寺院、道場、佛法弘揚點。每一個場點，無論大小，都是一座完整的佛光山，有滴水坊、藝術館、圖書室等，時任西來大學執行董事依空法師說：「這是佛光文化的整體外移，從不偷工減料。」那一年，依空法師帶一團信眾前來參加落成典禮，在墨西哥邊城的一長排商店，那時日本很強大，店員排長隊以日語說「歡迎」，看到依空法師的衣著，就稱「中國功夫」。衣著代表著文化，文化才是一個民族長久不衰的根本。

美國南加州南灣佛光山，只有一位出家人，但傳播文化的所有軟硬體齊全。南灣覺瑞法師以文化藝術弘法，匯集一眾文化人以展覽講座形式，取名「藝文雅敘」展開文化交流活動，有攝影、繪畫、茗茶、花藝、書法、文學講座等內容，讓中國文化慢慢在西方舒展。羅瑞華教授花藝，向外國學生講授唐朝的鮮花供佛的故事，那時，插花的花藝就是修行的一部分，後來傳到日本。羅老師的插花歷史課改變了西方人一直認為插花藝術來自日本的傳統想法。羅瑞華說，國家富強了才有傳播文化的可能。

辛鵬九五年移居美國，任教社區大學教授國畫，教畫畫前，她一定要求學生學習書法，練習中國的毛筆字。有一位美國心理醫生在畫展看了她的畫，主動找上門來要學中國畫，還買了英文版唐詩，取了中文名字。美籍德國人每一次南灣佛光山「藝文雅敘」的活動都不缺席，雖然一個中文字都不識，但他全程錄影，帶回家反覆觀看研究，「中國文化太有意思了，感覺很不同。」

華裔藝術家何念丹擅長中國水墨畫，他的著名〈欲上青天攬明月〉鷹畫，一九九九年贈小布希總統收藏。何念丹喜歡講故事，每堂課，每幅畫都有中國傳統文化的故事，在「藝文雅敘」展覽的中國畫作品，每幅畫都用中英文寫上一個故事，而作品、故事就是中國文化的集中體現。何念丹說，西方人都質疑中國的強大只是錢，看到中國的威脅，沒有看到中國有文化，是可以促使內心柔軟的潤滑劑。「我們要引導西方人找到真正的東方，找到可以接受、融和的文化。」

二〇〇六年六月二十四日星雲大師於日內瓦聯合國國際會議中心專題演講「融和與和平」，有中、外人士約八百人參與。現場有英文直譯及瑞士德語、廣東話同步翻譯；另以遠距視訊同步於世界各地定點播出

貢獻世界

佛光文化搭建的中國文化交流平台正逐漸被美國認識。星雲大師在美國創建的西來大學，日前接到美國駐阿富汗大使館的求助電話：中國在阿富汗開採銅礦，在礦區發現佛教遺址。美國大使蘿拉泰諾是考古學家，認為極有歷史研究價值，打聽到西來大學有美國著名的東亞佛學權威蘭卡斯特教授，想以星雲大師和蘭卡斯特教授之名，透過佛光山的力量，尋找中國大陸和台灣的研究力量，培訓五至十人的挖掘研究人才。

這些古蹟是阿富汗人的歷史沿革，美國大使館蘿拉泰諾大使與阿富汗政府協商如何恢復阿富汗的珍寶，但阿富汗非常缺乏足夠的專業知識和考古學家，以從事此項古文明的保存工作。據悉，美國軍方動用數十萬美金來暫時保存該遺址，並委託西來大學設計了六週的培訓課程，講授佛教文物，如何完整文物組織，講授佛文化為什麼會進入阿富汗等知識。重要的是，過程中表明佛教文化得到美國官方的認同。

初步考察，遺址在距離阿富汗首都喀布爾三十公里的小鎮麥斯艾納克，規模大約有現在西來寺五倍大的寺廟，約一千四百多年前，絲綢之路時期，中國商人帶動的宗教事業發展，是早年的中國文化向海外傳播。因為阿富汗氣候乾燥，保護得較完整。美國大使覺得值得研究，聯合國教科文組織也介入，強調保護研究。歷史提供了經濟發展帶動佛教文化向外傳播的史實，中國經濟強盛，對外交流擴展，歷史對中國文化海外傳播有重要的借鏡意義。

二〇〇三年，佛光會加入了聯合國非政府組織，星雲大師派出法師常駐聯合國，發揚「為善讓人知」的理念，與聯合國其他組織交流，讓世界組織知道佛光山、佛光會在做些什麼，更要讓全世界知道「佛光文化不僅是宗教文化」，比如美國不少人吃得不健康，常期吃薯片、可樂等高熱能食品。美國第一夫人推廣健康膳食理念，提倡吃新鮮蔬菜、推動讓小朋友動起來的活動。華盛頓官員知道佛光文化就是這樣做的，每年各地的寺院和佛光會都舉辦夏令營、青少年營，養成小朋友多吃蔬果、打少林拳、跳扇子舞。一個月後，胖胖的肥肉就結實了。

美國地區教育局與佛光會建立合作，委託找義工教美國孩子中國功夫、跳扇子舞、吃素食。光西來寺周圍的一個學區就有六百多位學生加入，慢慢把中國文化帶入其中。

九一一是美國悲痛的日子。災難發生後，全美國乃至全世界都在悲傷中，美國所有公共場所關閉。有人跟佛光山提議，寺院不開門，不如去現場祈福，並協助聯絡災難現場。星雲大師趕到紐約，率領百多僧眾在九一一現場主持為亡靈誦經法會，是第一個，也是唯一的佛教祈福團體。

災難現場，處處冒煙，彌漫著怪味，每個允許進入災難現場的人都要頭戴安全帽、護目鏡，星雲大師被員警要求不必戴帽。警長說，星雲大師是神聖之人，

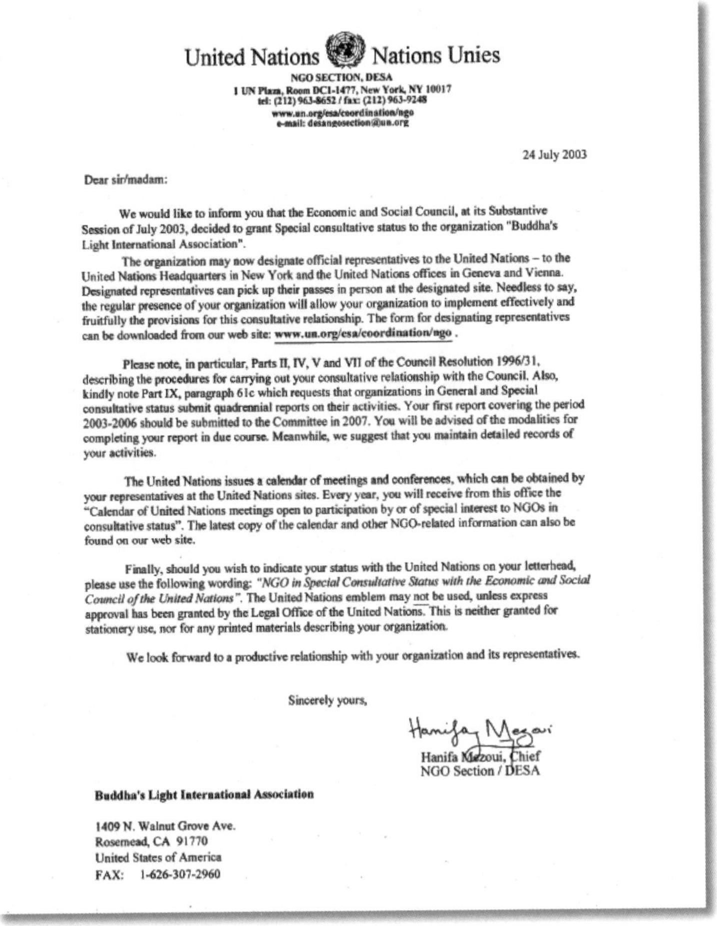

United Nations Nations Unies
NGO SECTION, DESA
1 UN Plaza, Room DC1-1477, New York, NY 10017
tel: (212) 963-8652 / fax: (212) 963-9248
www.un.org/esa/coordination/ngo
e-mail: desangosection@un.org

24 July 2003

Dear sir/madam:

We would like to inform you that the Economic and Social Council, at its Substantive Session of July 2003, decided to grant Special consultative status to the organization "Buddha's Light International Association".

The organization may now designate official representatives to the United Nations – to the United Nations Headquarters in New York and the United Nations offices in Geneva and Vienna. Designated representatives can pick up their passes in person at the designated site. Needless to say, the regular presence of your organization will allow your organization to implement effectively and fruitfully the provisions for this consultative relationship. The form for designating representatives can be downloaded from our web site: **www.un.org/esa/coordination/ngo** .

Please note, in particular, Parts II, IV, V and VII of the Council Resolution 1996/31, describing the procedures for carrying out your consultative relationship with the Council. Also, kindly note Part IX, paragraph 61c which requests that organizations in General and Special consultative status submit quadrennial reports on their activities. Your first report covering the period 2003-2006 should be submitted to the Committee in 2007. You will be advised of the modalities for completing your report in due course. Meanwhile, we suggest that you maintain detailed records of your activities.

The United Nations issues a calendar of meetings and conferences, which can be obtained by your representatives at the United Nations sites. Every year, you will receive from this office the "Calendar of United Nations meetings open to participation by or of special interest to NGOs in consultative status". The latest copy of the calendar and other NGO-related information can also be found on our web site.

Finally, should you wish to indicate your status with the United Nations on your letterhead, please use the following wording: *"NGO in Special Consultative Status with the Economic and Social Council of the United Nations"*. The United Nations emblem may not be used, unless express approval has been granted by the Legal Office of the United Nations. This is neither granted for stationery use, nor for any printed materials describing your organization.

We look forward to a productive relationship with your organization and its representatives.

Sincerely yours,

Hanifa Mezoui

Hanifa Mezoui, Chief
NGO Section / DESA

Buddha's Light International Association

1409 N. Walnut Grove Ave.
Rosemead, CA 91770
United States of America
FAX: 1-626-307-2960

佛光會二〇〇三年七月獲頒聯合國經濟社會理事會（ECOSOC）同意書，正式取得 NGO 諮詢顧問身分他慈心悲願的聖光足以撫慰災難帶來的傷痛。現場消防人員、員警及救援人員都圍攏過去，僧眾在星雲大師帶領下，圍繞災難現場平台轉圈，用淨瓶水灑淨，讓憤怒的心平息，讓悲憤的情緒安穩。

一個員警走過來，希望星雲大師為他頭頂灑下甘露。一批批救援者走來，救援人員靜靜的接受清涼的淨水順著頭、脖子流淌。他們說：突然覺得那種憤恨，對回教國家的不諒解在緩和。祥和的場景感動了一位基督教的救援者，她問在場的一位法師：不是佛教徒可以嗎？會改變我的信仰嗎？得知清涼的水可以平復不安的心，她走上前看著星雲大師，低下頭來，讓大師手中的楊枝淨水緩緩灑在頭上，然後繞著走了一圈。她安靜的說：水很涼，但感覺很好。這種感覺是慈悲的、是文化融和的感覺。

二〇一一年九月十四日，第三屆中美企業領袖戰略合作高峰大會，在美國洛杉磯聖蓋博希爾頓酒店舉行，五十多位中國企業家專程來到美國與美國企業領袖交流，二百多位美國企業家及華人參與，場面壯觀。讓人意外的是，大會請來的主持是道地的美國人荷蘭莉，一口流利的普通話讓在場的中國企業家們驚訝不已。接受我的訪問，荷蘭莉表示，美國人過去只喜歡吃中國餐，很少人會了解中國文化、說中文，現在不一樣，美國有調查顯示，問學生想做什麼，都說要學中文。朋友見面問的也是孩子有沒有學中文？荷蘭莉認為，這是中國開始受到美國關注的符號，「從關注中國的烹調、飲食到中國產品、中國的影視，未來一定是中國文化。」

高峰大會上企業家代表語出驚人的表示，在美國經濟衰退之時，中國來了！過去是西方不敗，如今是東方盛世。言語間，大有東方壓倒西方、東方將拯救西方之勢。還當眾宣布，中國企業家要收購美國的專案，還要和美國企業家合作投資酒店等等。展示富裕中國的肌肉，中國的硬實力，現場卻沒有得到多大的回應，媒體也沒多加報導。

倒是隔天，在美國西來寺的另外一場活動，為弘揚中華文化，中國書法家韓正卿贈送美國西來寺十二條屏書法《金剛經》，供有意願鑑賞中國書法、中國文化的美國友好認識中國佛教和文化的博大精深。引來了三十多家媒體參與和報導。

佛教中，《金剛經》代表著經久不衰、堅定不移的佛教精髓。韓正卿捐贈的書法《金剛經》，讓美國人感受到的是中國人的善良之心，是中國善意文化的體現。令人感受到中國文化博大精深，這才是可以支撐中國強盛淵遠源流長的軟實力。

星雲大師三十多年前就走出中國到美國投資，在美國建立代表中國佛教文化的西來寺，向西方傳播超越佛法的中國文化；二十年前，星雲大師又投資建立西來大學，匯集中西方教育理念培養人才。這三十多年來，他不斷在美國投資文化和教育，不僅是要讓佛教走向世界，更重要的是將最能代表中國特徵的五千年的文化精髓走入西方，讓西方社會了解。正是因為有星雲大師早年的投入，在西方的土地上立足三十多年，有識之士的文化人，才可以借助這樣的美國平台，展示中國文化軟實力的今天。

一場峰會，展示的是中國經濟盛況，一個捐贈展露了中國文化盛情，讓人在美國感受的是不一樣的中國富強。中國改革開放帶來了成果，又恰遇西方經濟進入衰退期，給中國得以強盛的理由和機遇，這樣的機遇日本、台灣都曾經有過，卻又流失了。中國能否保持盛世不敗，讓世界繼續喝采，還要看有五千年歷史的中國文化多大程度上，可以在西方世界發揚光大，支撐起經濟的盛世。

西方人學佛

一眾金髮碧眼的美國人聚集洛杉磯佛光山西來寺海會堂，悠揚的梵唄之聲從這裡傳出，如水流幽澗，似雲卷雲舒，清風徐來，令人悠然進入物我兩忘之境界。佛光山美國西來寺為期兩年的「英文基礎梵唄班」結業，從來不知道中國梵音古調的美國信眾，從最基礎的大磬、木魚法器開始學起，至了解中國文化與佛教的深厚關聯，唱誦出天籟之音。

在中國梵唄法事中，以音聲得度者不盡其數，當中也有為其深深著迷並努力學習了解的美國籍佛教徒。信眾 Nancy Cowardin 早已皈依佛門，是虔誠的洋信眾，走入西來寺，從「基礎佛學班」、「五戒戒期」訓練，參加英文佛學課和禪修課之餘又走進「英文基礎梵唄班」。在西來寺，我結識了 Nancy，她對我表示，由此得到的內心祥和是人生從來沒有過的體驗。

Nancy 是心理學博士，在法院任職醫師。那一天，我受邀來到了 Nancy 家，聽她講與佛結緣的故事。

二○○七年一月六日西來寺舉辦敦親睦鄰活動，內容包括春聯書法、3D豬紙雕、中國茶藝、禪坐等課程，讓三百多位與會者親身體會中國文化與佛教修持的特色

她的居住地距離西來寺約三公里，看著西來寺的宏偉建築平地而起，沒有香煙四起，不見雲煙繚繞，經常人來人往，信眾出出入入，卻秩序良好，從沒去過中國的 Nancy 很好奇。

有一日，Nancy 走進西來寺，沿著成佛大道拾級而上，感覺似曾相識，讓她對西來寺產生濃厚興趣。Nancy 走進西來寺，也打開了生命的佛門。她接觸佛學，學習禪坐、誦經，參與佛領班，成為西來之友的會員，然後皈依、受五戒。她還自製誦經卡，用英文和拼音對照，可以跟著中文誦經。

為了讓更多的西方人了解佛，Nancy 還兼做導覽，帶一批批西方人到西來寺參觀，她當起導覽員親自講解。令 Nancy 很有成就的是，不少西方人在她的引領下，走入佛門。有六年級的美國孩子參觀西來寺後感覺奇妙，幾個孩子署名寫信給 Nancy，感謝她帶領導覽西來寺，「讓我們認識了佛，認識了中華文化，我們也想成為佛教徒。」

走入西來寺前，Nancy 根本不知道什麼是中國，即使讀到博士，所接觸的課本也沒有提到過中國，更不了解中國文化。她對中國的了解來自電影、電視中的一些內容。「還有就是在美國的『中國城』看到的。甚至我學藝術、繪畫，也沒人告訴我中國藝術。」西來寺，讓Nancy認識了不一樣的中國。

她接觸了很多中國人、中國畫、中國藝術、中國文化，這一切讓Nancy興奮。西來寺有美術館、書報室、有各類展覽，在這裡看到與中國有關的每一幅畫、每一個字都那麼有魅力。有時，她會站在一幅中國的山水畫前良久，欣賞迷人的筆墨、線條。Nancy說，看到西來寺的義工，他們隨身帶著自己的碗筷，吃完飯帶回家洗，「我認為這是很好的文化，環保又衛生，美國人做不到。」

Nancy還欣賞中國的語言、文字，短短幾個字就可表達很深的意思，「是非常有效的語言。」Nancy有很多發現：「如一個『雪』字，一般要有五個字來描述，北極人要用三個文字來描述，中國就一個字，有很多意涵在背後，這是我的新發現，我很有興趣。」

走進佛門重新認識自己，改變了自己。Nancy戒了菸酒，遠離了酒肉朋友。因為興趣，讓Nancy很想了解中國。二〇一〇年，她第一次踏足中國的土地，從北到南十六天行程，坐了七次飛機，去了重慶、貴州、長江三峽、西安、上海等地。在中國看戲劇、參觀藝術展覽，欣賞北京的建築。

Nancy被中國文化迷住了，她購買了整套中國茶具、茶，擺放在家中的茶室。觀賞客廳牆上掛著Nancy和夫丈去各地旅遊的照片是一種享受。去其他國家旅遊，照片上都有他們夫婦倆，唯獨旅遊中國的照片用了八個鏡框，裡面的照片只有風景沒有人。Nancy說，因為中國的風景比我們要漂亮得多。

Nancy家中更具濃烈的中國味，門口擺放著石獅子、觀音，家中到處是中國飾物、中國餐具、中國畫。Nancy手戴佛珠，胸前掛著佛像，連家裡播放的背景音樂不是笛就是蕭，美國朋友都說，你的家已經是中國的了。她還有一個非正式領養的中國孩子，是西來大學的博士生，「寫信稱我，Hi媽媽。」Nancy滿臉喜悅。

了解更多的中國文化之後，Nancy批評美國是好萊塢文化，以我為先的自私文化，追求金錢、美豔、名氣，一切為了讓別人知道自己。而中國人在一起融洽、合作，懂得欣賞自然的美。「尤其是，美國人年紀大了，一無所有，而中國人老了，可以享受社會、家庭的回饋，得到家人的照顧，依然有親情。」

Nancy 請我到她家作客，泡上一杯中國茶，書桌上擺滿毛筆之類的中國畫筆。她正在創作大型畫作，由三個屏風摺疊，看上去很像寺院的大門，展開有七十二呎長，左邊是向皇帝敬獻鮮花的景象，右邊是大型表演，代表著盛況空前，中間是反映佛教延續的歷史故事。Nancy 說，她查找了很多歷史資料，並在河南龍門石窟找到北魏時的壁畫作藍本，希望重塑那時佛教興盛時的佛誕盛況。

如今，西來寺也時常有盛況，吸引眾多信眾參與，逢農曆新年、佛誕，甚至都會有數萬人次參與。Mrs. Louvnia Ortega 在西來寺翻譯中心當主編，她有一男一女兩個孩子，經常全家來到西來寺，女兒還在西來小學兼職教英文，丈夫最喜歡佛誕節熱鬧的喜慶氣氛。因為從心底裡喜歡中國文化，Mrs. Louvnia Ortega 早年就接觸佛教，去過韓國、日本的道場，也接觸美國式的禪宗，但都沒有意願留下。只有西來寺那一份熱忱、祥和留住了她，因為，這裡面更多的是中國文化。

那一年，孩子還很小，Mrs. Louvnia Ortega 開車送他們上學，看到空地上建築拔地而起，又在超市遇到一位出家人，師父告訴她，將在此傳播中國佛教，歡迎蒞臨。Mrs. Louvnia Ortega 相約親人一起前往，開始她不知道二位黑人走入佛堂會是什麼遭遇。至今印象深刻的是，受到了非常友善的接待。

那是一九八九年，星雲大師前來弘法，三天《六祖壇經》，還有盛大的皈依典禮，Mrs. Louvnia Ortega 內心深受感動，受祥和氣氛的感染，她決定皈依。至今二十多年，一個黑人佛教徒，一直感受到友善，沒有受排擠。皈依後，Mrs. Louvnia Ortega 就做義工，只要有需要，廚房、圖書館她都熱心去做。學法律的 Mrs. Louvnia Ortega 退休後就在西來寺翻譯中心擔任主編，將佛教的故事、教義、書籍等翻譯成英文，在英文世界中傳播。

佛教文化沒有勉強，Mrs. Louvnia Ortega 說，極大包容性的哲學和思想理念可以融入人生，沒有很大的衝突。第一次參加「八關齋戒」，讓她體驗到，與人相處之道；短期出家，又讓對佛教有不一樣的認識。Mrs. Louvnia Ortega 認為，美國人對佛教越來越持正面的態度，「和平，非暴力，是美國人喜歡佛教的原因。」

二〇一六年四月十七日西來寺佛光青少年交響樂團數度在迪士尼樂園演出，讓〈佛光山之歌〉響徹最歡樂的兒童樂園

與中國文化結緣，讓 Mrs. Louvnia Ortega 有機會多次去中國，分別去了大陸二次，去了台灣三次。中國地域遼闊，更重要的是文化多元，她去了北京，還去了新疆。

看電視節目中講中國文化，從地域風貌到燒菜煮飯，Mrs. Louvnia Ortega 都覺得新奇、喜歡。她幾次見到星雲大師，還在台灣與星雲大師合照留念，這成為 Mrs. Louvnia

Ortega 生活中經常向朋友誇耀的盛事。她認為，星雲大師把佛光文化傳播到西方，傳播到全世界，是讓佛教更多元化，讓世界更多信眾有機會認識佛教。

Mrs. Louvnia Ortega 對我表示，接觸西來寺學佛法時，就覺得中文很重要，現在最想學中文，「通曉語言才能交流，我們去中國購物，都用計算機講價錢。了解中國文化，語言不通不行。」美國人整體尊重中國及中國文化，但礙於互相了解不夠，佛光文化正是一種潤滑劑，讓西方信眾從追尋佛學到了解及鍾情中華文化。

125 傳播

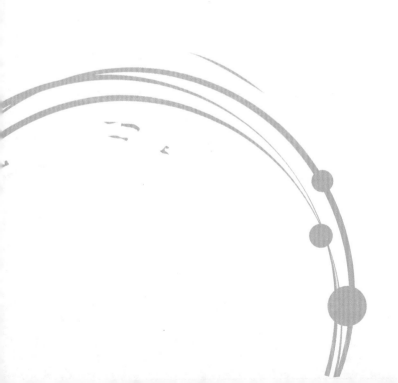

心願

星雲大師：

夜晚，我愛天空點點明星；
白天，我愛天空飄飄白雲。
無論什麼夜晚，天空總會出現了星；
無論什麼白天，天空總會飄浮著雲，
星不怕黑暗，雲不怕天陰；
點點的星，擴大了人生，
片片的雲，象徵著自由。

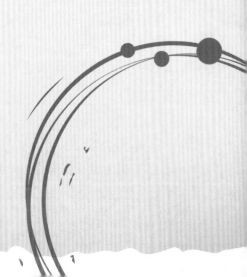

星雲大師的這張會議桌，除了用於寫字，也在此課徒、談話、飯食、接待

一筆寫出佛緣

星雲大師的書法是無師自通，他的「一筆字」更已經成為曠世名作，被社會各界廣為收藏。星雲大師以書法會友，以「一筆字」傳播文化。我也有幸收藏了星雲大師的二幅書法，一幅對聯，上聯題為：千江有水千江月，下聯題為：萬里無雲萬里天；另一幅是即場揮毫而作的「一筆字」：米蘭墨韻。我更有幸經由採訪，認識「一筆字」。

常言道，相由心生，字形如人。星雲大師菩薩心菩薩相，他揮毫寫下「一筆字」也是菩薩書法。

星雲大師自創的「一筆字」書法，近年在神州風行，深受歡迎。大師卻認為，自己從七十歲開始寫字，雖然近二十年來風雨無阻，字並不一定寫得很好。所以一再告誡：「請大家不要看我的字，要看我的心。我有一顆誠心、一顆慈悲心、一顆中國心。」

星雲大師一筆字

就是這一顆心，星雲大師在七十歲時開始練字書法，近年展出，至今連續在大陸舉辦了四十場「一筆字」書法展。最近「星雲大師一筆字書法展——二〇一四中國大陸巡迴」的第七站在浙江省美術館展出，近百幅大師一筆而就的作品全部被愛好者收藏。

「星雲大師一筆字書法展——二〇一四年中國大陸巡迴展」，第七站於杭州浙江美術館展出，如常法師（右一）為大師及浙江省宣傳部葛慧君部長（右二）導覽參觀

為弘法利生而與書法結緣的每一筆、每一字，透視的是星雲大師為眾生利益佛法的拳拳之心。早年，還有人阻撓星雲大師在大陸舉辦一筆字展，稱星雲大師不是書法家。不過，原大陸文化部副部長、中國藝術研究院院長王文章欣賞星雲大師的書法，他就覺得「好得不得了」。其理據是：卓然成家，獨創「一筆字」，堪稱當代書法界奇蹟。拜讀大師的筆意時，可以深刻體會到佛家「八萬四千法門」但「佛無定

法」的道理。

主管文化藝術的王文章看到「大師無師自通，產生自己獨特的一種風格，因為眼睛看不到，產生了書法裡面最難的拙趣。」藝術家寫巧很容易，星雲大師眼睛看不到，卻成就了一氣呵成，產生他自己筆觸的獨特風格。

王文章認為，一般書法家寫橫豎撇捺時都是尖的，他觀察星雲「一筆字」所有的運筆到最後都以頓筆結尾。大師筆筆都回鋒，這代表著慈悲、仁義，一生都不願意去傷害他人，「不然他的筆就會直接下去」。這還代表著修行的性格，筆畫全部頓住，要出去都會停下來。

星雲大師慈悲為懷，即使是書寫，一個出家人的慈悲和修為都在這橫豎撇捺的細節裡面。

書法家的功力大都從小開始，一生練就。星雲大師練字的歷史卻是實踐出真知，無師自通。

早年到台灣，星雲大師教書要在黑板上寫字，這是他最早寫字的歷史，他一貫勤於筆耕，每天都要寫文章，天天寫、天天練，那時寫字的工具就是沾水鋼筆，長久的習慣，不用刻意去求師臨摹，久而久之自成一體。

六十多年前，星雲大師在宜蘭雷音寺，為美化佛堂，他購買便宜的「招貼紙」，寫些勵志念佛的標語貼在牆上，每次要寫上百張。

八〇年代，星雲大師在台北弘法，住在民權東路普門寺。有一次，寺廟舉行法會，桌子上留有毛筆、墨水、硯台，星雲大師隨手拿起寫字。一位信徒經過，悄悄塞給星雲大師一個十萬新台幣的紅包。星雲大師要退還給他，信徒堅決不收。無奈，大師拿出剛寫好「信解行證」的一張紙送給他，作為禮尚往來。

信徒來到佛堂跟人炫耀，佛殿中約四百人在拜佛，都向星雲大師求字，還願意出十萬元供養以得大師的一張紙幾個字。星雲大師為之一天中寫了四百多張字，得了好幾千萬元。

這些錢他沒留下，全都送去美國洛杉磯資助教育籌建西來大學，既練了字又籌了款。他說，不管字好不好，這是我第一次感覺到，我可以藉由寫字的因緣，寫出一個西來大學來，「鼓勵了我對寫字的信心。」

寫出善心得到善款，寫字更與人結緣。河南鄭州興建一座世界最高大佛，星雲大師想到佛教東傳二千多年，佛陀偉岸的身相、慈悲的法水，隨著滾滾的黃河，滋潤著這一片中原大地，慨然寫下「中原大佛」四個字。鄭州欣然接受星雲大師的建議，將原來的「天瑞大佛」改名為「中原大佛」，盡顯氣概。

星雲大師訪問錦州八王子寺，該寺改名為大法寺，他看到自己書寫的「大法寺」幾個字高掛在上，至於是什麼時候為他們寫的，星雲大師也記不清了。

二〇〇五年，弟子如常法師蒐集了星雲大師的墨寶，在馬來西亞籌辦了一場「覺有情」墨跡展。「一筆字」策展人如常法師對我說，師父覺得自己書法不正統，不是書法家，壓力最大的展出地方是中國大陸，在那裡拿出去怕被人笑話。所以，如常法師最先從海外的馬來西亞、美國和歐洲開始幫師父展覽。

首次展出的字，都是老人家二、三十年前所寫，星雲大師事後才知道有這麼一個展覽，開始還很不情願的來到馬來西亞的國家藝術館，去為自己的展覽剪綵。馬來西亞華人領袖黃家定先生出席、致辭，並且要大師當場揮毫。星雲大師寫下了「大馬好」，以此與馬來西亞佛教及各界結緣。

因為糖尿病至雙眼眼底鈣化，星雲大師視力模糊，他還是堅持寫字，要以寫

二〇一二年十二月二十九日公益信託星雲大師教育基金於佛陀紀念館大覺堂，舉行首屆星雲教育獎頒獎典禮。有副總統吳敦義、教育部長蔣偉寧及次長林聰明頒獎，尚有五位前任教育部長共同參與，如楊朝祥、吳清基、鄭瑞城、黃榮村，及前台灣省教育廳廳長陳英豪等，為難得的歷史鏡頭

字來為人服務。星雲大師對我說：「寫字必須用眼睛看，而我眼睛看不到，又該怎麼辦呢？沒有關係，我用心眼看。」

用心眼看，談何容易。那時，星雲大師把自己寫書所得的版稅全部捐出，弟子為他成立了「星雲大師公益信託教育基金」，大師說他要用這些基金在台灣舉辦各種活動，如教育獎、文學獎、新聞傳播貢獻獎、三好校園獎等，對社會有所助益，而為了感謝贊助公益信託教育基金的人，大師就送一張字給他。

為了兌現自己的承諾，星雲大師

連夜趕寫。如常法師告訴我，弟子們看著他早上寫、下午寫、晚上寫。有一天，他叫如常法師把所有的字都拿到雲居樓二樓，兩千多張全部攤在地上，星雲大師請來所有的徒弟、長老，讓大家挑選出覺得最好看的去展覽。

幾千張字，徒弟們從中挑出了幾百張。大師知道以後，凌晨十二點了，他請侍者打電話叫如常法師到他的法堂，問：「為什麼我寫了兩千多張，你們只挑了兩百多張？」如常法師如實告訴星雲大師說：「師父，很多字你都寫歪了，在書法裡叫黑白當計，黑色的墨和白色紙的空間是要去計算的，因為你眼睛看不到，所以你完全沒有辦法去計算你的紙張的平衡，有的字體大、有的字體小，字跟字的中間空格很大。」

這樣的現實，對一個滿心期望自己作品能得到認同，又因眼睛不好不能如願的老人十分殘忍。不過，星雲大師卻一直追問還有什麼問題，要講真話。「還有落款的方式以及布局沒有經營。最重要的是，因為你眼睛看不到，所以你有很多字都擠在一起；因為看不到，所以墨水都暈開了。」如常法師一口氣把要講的都講出來了。

星雲大師聽完後，不作聲。他一張一張拿起寫好的字，要弟子講給他看，指出問題所在，一直講到凌晨兩點多，大家才回去休息。

第二天早上六點多，如常法師就接到電話，趕去法堂，大師一早已寫了五十幾張字，把昨夜所講的問題都改進了。如常法師說，師父一直在重新體驗，儘量改正自己的缺點。最讓人感動的是，一個老人，用生命在重新體驗生命，以毅力在糾正生命帶來的遺憾和缺陷。

有人問大師喜歡寫什麼字？正命、生忍、法忍、無生法忍等，都是大師經常寫的詞句。就有徒弟說，這些一般人不容易懂，建議師父寫受人歡迎，甚至可以讓做生意的人擺在店面的話，例如：「金玉滿堂」、「皆大歡喜」等，星雲大師從善如流隨手就寫：「有你真好」、「有情有義」、「吉星高照」、「與人為善」等。

為了寫字，星雲大師開始蒐集詞彙，一時間，竟然蒐集了一兩萬條詞彙，都是他覺得大家喜歡的人間佛教的思想，每一個詞彙的背後，都會講出意涵。

自從星雲大師眼睛不好使，徒眾一直說他心裡很明白，他做人是心裡明白；

弘法是心裡明白；寫一筆字，也是心裡明白，用心在寫，用心做人，所以他心裡就有基本格局。

可以想像星雲大師眼睛看不出寫字的困難。整個流程是這樣，寫字時，有個徒弟幫他拉著紙，拉紙是有速度的，配合他運筆的走勢，這完全是一種心靈的契合，讓每個字一氣呵成，渾然天成。

在佛陀紀念館的六度塔內有一部紀錄片，一個徒弟在拉著紙，星雲大師在揮筆，不管是寫四個字還是七個字，只見紙在移動，星雲大師坐著揮毫，黑色的墨汁躍然紙上，一切都如此相得益彰。據說，協助星雲大師寫字拉著紙的徒弟並不是固定的，但師徒之間永遠是那樣的默契。周圍的條件不斷在變化，不變的是星雲大師那份不為所動的弘法熱忱，化作書法展示人間。

中國藝術研究院非物質文化遺產研究保護國家中心主任田青教授，很有哲理的概括，他說：「大師之所以為大師，除了因為他有宗教家的光環之外，透過他獨特的眼睛看不到的一筆字，形成他的風味，即便他寫不好，現在都是好的。」

二〇一〇年，自從在北京中國美術館展出成功之後，星雲大師的「一筆字」展深受歡迎。也在世界各地如馬來西亞、美國、澳洲和日本、維也納聯合國等地展出。星雲大師希望透過「一筆字」的文化力量播種人間佛教的思想。

全世界沒有一個藝術家可以一天展覽一個地方，兩年展出四十場，而這四十場的字沒有重複，每一次展覽都要為展覽空間高度、大小量身訂做。每一次星雲大師都親臨現場，在開幕式上的致辭沒有重複的，但是他一定會講他為什麼要寫一筆字；到底什麼是一筆字；他不是藝術家也不是書法家，為什麼要展覽。星雲大師只有一個目的：希望透過一筆字帶給大家幸福、快樂。

每一次的展覽會上，很多人在留言簿上留言，感受到大師的「一筆字」平易近人，卻是很難做得到，但可以作為人生的一個勉勵，尤其大師推行的「三好」、「四給」、「五和」，以及星雲大師的「山水禪心」。

星雲大師用「一筆字」在揚州蓋了鑑真圖書館；用「一筆字」捐給湖南大學建設中國書院博物館、捐給南京大學成立佛光樓，用「一筆字」在江蘇宜興蓋了佛光祖庭大覺寺。事實上，所有的建築都不是星雲大師的，都回歸到大眾。

星雲大師說，「一筆字」背後是一種做社會公益、向善的力量。

大師講過一個很有趣的譬喻，他說自己像老母雞，每天都寫一筆字，就好像母雞每天生蛋，字寫完了，就像老母雞下過蛋，那些蛋就被拿走了。因為徒弟會把師父的字拿去，說要建大學、蓋圖書館、要賑災、要慈善義賣等等。星雲大師有一個心願，他說，即便眼睛看不到了，腳不能走了，如果我的一筆字大家喜歡，能夠做社會公益，我就不斷的寫。

不久前，星雲大師跟如常法師說，他最多也就再寫幾年，因為以前他的眼睛還可以看到白紙，他說他的眼睛越來越糟糕。他說，很擔心在過了這一年之後，眼睛就什麼都看不到了，所以現在能夠寫多少就寫多少。

為了滿足一些機構、寺院、要字者、有緣人的願望，即使在海外的旅途中，星雲大師都會隨身帶著筆墨，夜半會完客，就趕快鋪紙寫字。以寫字弘揚佛法成為星雲大師近來最忙碌的工作，也結交了眾多有緣人。這是一筆寫出的佛緣。

一句話激勵意志

每年農曆新年，星雲大師都會揮毫，以春節墨寶祝願世界和平，為人類祈福，每年的祈福之語，是一種期望，他認為也一定會有些效果，有人看到後會有些感悟，轉化為正義的信念。

星雲大師喜歡講故事，在杭州首屆佛教論壇講過一個和諧的故事。他說，有一天，夫人打開門，見有四個老人站在寒風中，趕緊請他們進門喝茶。但四位老人說，你們家男人不在，不能進去。中午，男人回來聽說了，趕緊叫夫人去找這四位老人，要有慈悲心，請他們來家吃飯。

夫人在一條街處找到了這四位老人，告訴他們，家裡有男人了，請他們去。四位老人分別代表著「和諧」、「平安」、「財富」、「成功」，他們說四人中只能有一位可以去夫人家。夫人家有了分歧，男人說請「財富」，男孩說要「成功」，夫人想「平安」，小女孩吵著要「和諧」，最後決定請「和諧」去。

「和諧」大搖大擺走進門，其他三位也要跟著進去。夫人趕緊問，你們不是

二〇一二年浙港百名企業家訪問台灣與星雲大師會面

說只能請一位嗎？三位老人笑著說，你請了和諧，我們自然也就一起來了。星雲大師祝福大家：窮則變，變則通，朝好處想，朝好處變，就是幸福，就是平安！星雲大師讓佛教走下殿堂，走入人間，要將慈祥、關愛遍撒人間。他就是那位「和諧」的長者，到哪裡，就將平安、財富、成功帶到哪裡！

這個故事，星雲大師告訴我的是，抓住要點，其他一切可以迎刃而解。

二〇一二年，我參與了浙港百名企業家訪問台灣活動，並為企業家們聯絡佛光山，安排百名企業家到佛光山參訪並拜會星雲大師。這是企業家們最為期待的台灣行程。

在台北兩岸三地企業家論壇結束後，企業家們準備第二天南下，去佛光山拜會星雲大師。那時的通訊還不如今日一般方便，我卻莫名其妙的打開了在台灣不開的香港手機。一個電話進來了，接通後是妙廣法師的聲音。法師說：紀先生，師父在台北要趕回佛光山，明天見企業家們。他後天在台北又有活動，見完大家又要趕回來。弟子們都勸說師父，這麼大年紀不宜趕來趕去。但星雲大師堅持不能失信於企業家們。大家知道師父的脾氣，又擔心他的身體，怎麼辨？

我隨即趕去台北道場見星雲大師。那時，誰都無法讓星雲大師回心轉意。大師的心思是，這些企業家大老遠從大陸趕來，我在台灣為何不能克服一下？最後我提出，第二天一早，讓企業家們早些出發，先到台北道場拜會星雲大師，然後再去台中、高雄上佛光山，兩不耽誤。

在徵得參訪企業家領隊的同意，星雲大師方才點頭答應。大師在任何時候都是把別人放在首位，滿足他人、給人歡喜，是他人生的出發點。

第二天，住在不同酒店的企業家們分坐幾輛大巴士一早出發，八點不到就來到了佛光山台北道場。只見道場門口，佛光人分兩邊夾道歡迎。企業家們歡天喜地來到大廳，爭相分批與星雲大師合照，然後到會場聽大師開示。

有企業家要求星雲大師給他們「一句話」。星雲大師也不推辭，他說，在座的都是成功企業家，你們都很富有，還有中國的首富，是富者。隨後，大師指著桌上擺放的一盆盛開的鮮花接著說，人生在世，關鍵不在擁有而在享有。「這盆花不是你我的，但我們大家可以共同欣賞、享受。企業家不要一味追求財富，而要懂得享有。」一番話，讓企業家們頓悟。

事後，企業家們都說「道理大家都懂，但這句話從大師此處得到，覺得意義特別。」任何時候，人類共有、享有才是最有意義的。

康恩貝是製藥企業。數年後，我在浙江遇到康恩貝董事長胡季強，他仍不忘星雲大師送給他們企業家的這句話。在每年的公司總結時，胡季強都會向企業員工提到。他認為，企業要有利潤，但擁有不是唯一。胡董事長對我說：「星雲大師告訴我們，做人、做企業，責任才是第一的道理。」

一本書記錄《百年佛緣》

有了收到台灣文化人符芝瑛新作《雲水日月——星雲大師傳》，想寫讀後感沒寫，差點失去與佛的緣分這樣的教訓，以後收到有關星雲大師的著作，我都會第一時間撰寫讀後感。

二〇一二年十一月，我收到了佛光山寄來的《百年佛緣》。該書記錄了星雲大師幾十年來穿梭兩岸，與佛教界、社會及政治人物的交往。讓我深感認知的是，此書講的雖是佛緣，在讀者看來，更是星雲大師以佛緣廣結人緣；以人緣呈現佛緣的豐富生命歷程，以及對兩岸乃至國際佛教事業的貢獻。因此我寫下讀後感發表在《亞洲週刊》。

文章寫道，雖然眼睛不方便，但星雲大師心境明澈。他以口述的形式，從心出發，用心敘述了整整三個多月，由佛光山書記室記錄、台灣國史館出版了一套四冊近七十多萬字的《百年佛緣》，為的是「回憶歷史可以增加生命的長度」。重要的是，星雲大師不是為了撿拾自己的記憶，而是可以讓閱讀者在閱讀中與佛結緣，與眾生結緣增加生命的內容和意義，以古為鏡，知興替。

星雲大師一生雲遊四海弘法度人，披荊斬棘，建寺興學，雖日理萬機，但不忘著書立說。他每日起碼都有一篇文章刊登在報章上，每年都有數本著作問世。《百年佛緣》是其中之一的自述體傳記，全書分為：僧信之間、文教之間、社緣之間、行佛之間四卷，共五十九篇。前三卷均以星雲大師生命中的重要人物為引，後一卷為重要事件帶出，講述對於佛學的認識，以及創辦佛光山推動「人間佛教」的佛緣之路，也敘述與各界人士因緣機遇的故事，足以呈現星雲大師的佛光四溢，生命燦爛。

講的是佛緣，由讀者看來，更是星雲大師以佛緣廣結人緣，以人緣呈現佛緣的豐富生命歷程，以及對兩岸乃至國際佛教事業的貢獻。二〇一一年星雲大師八十五歲，正值民國百年之際，以口述歷史，記下《百年佛緣》，作為民國百歲生日的賀禮。太多的淵源，讓佛緣下的故事講不完、訴不盡。穿梭兩岸與佛教界、社會及政治人物交往，星雲大師展佛心感悟人心，用佛意感動人意，書中透露了不少鮮為人知的往事。全書為讀者開示，弘揚的還是星雲大師一貫宣導的「人間佛教」。星雲大師說：「只要是佛說的、人要的、淨化的、善美的，凡有助於增進幸福人生的教法，都是人間佛教。」他一生佛緣，一心推動的就是讓佛教從山林走向社會、從寺院走入家庭、從僧團普及到信眾、從談玄說妙進而能夠落實在生活之中。

星雲大師出生在揚州，十二歲走入佛門。一九四九年組織僧侶救護隊來到台灣，四十年後才有機會再踏足大陸。一心投入佛門，原來星雲大師在戰亂中前往台灣的原因不是為了求神拜佛，也不是為逃避戰亂，而是為了學救護。正值徐蚌會戰期間，因為不忍生靈塗炭，又不知如何報效國家，便想到幫忙收埋死屍、照顧傷患，卻收到指示，要受訓才能參與救護，而訓練地點在台灣，因緣機遇來到台灣，揭開他人生佛緣的新一頁。

《百年佛緣》第一卷就從「我與台灣基層佛教因緣」開始，星雲大師到台灣第一個見到的，是很有全台佛教會領導人架式的宗心法師林錦東。雖然，林錦東的寶覺寺無法收留星雲大師，卻熱心派人送其北上，成就星雲大師踏入佛門台灣行的第一步。

一路走來，星雲大師口述中這樣的佛緣眾多，但在《百年佛緣》第一卷「僧信之間」中，書寫前中國佛教協會會長趙樸初是獨立成章的唯一一個。可見星雲大師與趙樸初交情深厚，並對趙樸初十分敬重。他稱趙樸初是「真正成為對佛教救亡圖存的人物」。他們之間的佛緣是源於一九八七年五月泰王蒲美蓬六十歲，兩人一同受邀祝壽，下榻在同一酒店，晚上相約會面，彼此相見恨晚。一九八九年，趙樸初得知星雲大師有意訪問大陸，發出邀請誠意促成，星雲大師率領五百多人的國際佛教促進會到大陸訪問。

後來，因為星雲大師在危難中收留了前新華社香港分社社長許家屯，他被列入黑名單，不能前往大陸探望老母親。是趙樸初做了努力，時任全國政協主席李瑞環強烈保薦，並說：「我才不相信，一個出家人的袈裟，就能把我們共產黨打倒嗎？」星雲大師才得以第二次踏上大陸的探親之路。

在多個場合，趙樸初都表達「重要心願」，很希望星雲大師能對中國佛教事業作貢獻，希望星雲大師可以做中國佛教協會會長的接班人。雖然，星雲大師認為這是一個不容易實現的夢想，但星雲大師一直致力推動兩岸佛教界融和統一卻是不爭的事實。他參與創辦世界佛教論壇、推動兩岸佛教界交流，有心將在全世界都遍撒的佛光會建到大陸去，並力邀趙樸初擔任國際佛光會的名譽會長。星雲大師一心想嘗試，兩岸未統一，兩岸佛教界可以先統一，這是他一直難以揮去的夢。如果星雲大師可以任中國佛教協會會長，佛教界的統一即水到渠成。

趙樸初還有期望，是希望去台灣佛光山一行，卻因台灣媒體報導「大特務趙樸初要來台灣」讓安全部門不安，最終不能成行；星雲大師邀請趙樸初擔任國際佛光會名譽會長，也一直沒有得到回覆。這兩件事，至今令星雲大師引以為憾。其實，趙樸初不能實現的遺憾，是中國佛教界的遺憾，也是兩岸和平統一的遺憾。

雖然是佛門之人，台灣的政治人物都會拜訪星雲大師。蔣經國就任後第八天就到佛光山參訪，任期內共有四次上佛光山的紀錄。星雲大師與兩岸眾多政商界達官貴人是好朋友，因此也曾經引來「政治和尚」的稱呼。記得當年我首次採訪星雲大師，就問到過外界稱他「政治和尚」一事，他不生氣，笑咪咪的回答：「政治人物來看我，我當然要接待，但我不是政治和尚，如果說是，那我主張統一，主張兩岸和諧，說政治和尚也不妨。」

星雲大師在書中透露，他受連戰拜託，花幾個小時勸說馬英九選戰台北市長。馬英九因國務機要費被汙陷，星雲大師連續發表兩篇文章支持正義，馬英九打電話表示謝意。那年，馬英九有意參選總統，但還沒有公開，星雲大師在馬英九出席大會時公開提出「拜託大家幫他找個工作」，後來竟然成為馬英九的競選廣告。陳水扁在任期內也到佛光山，還住了一個晚上，雖然理念不一樣，照樣得到很好接待。星雲大師說：「身為一介僧侶，黨派並不是我們唯一的信仰，人民的需要、全民的自由幸福、和平安樂，才是我們認為最重要的。」

在「我與大陸中央領導人」一文中，星雲大師披露了與楊尚昆、李先念、李瑞環、賈慶林等國家領導人見面的一些細節。早在一九八九年，星雲大師見楊尚昆時就提出希望大陸不要再講「不排除以武力解決台灣問題」，文攻武嚇讓世界對大陸產生不好印象，楊尚昆答覆，這不是對付國民黨的。他還提出，可否宣布兩岸成為和平局面？楊尚昆要他轉告，讓台灣先宣布金馬為和平區，和平從金馬做起。

與國家主席江澤民會晤最為曲折。原本二〇〇二年佛指舍利在台灣供奉後恭送回西安，江澤民也在這一天由北京飛往西安，但臨上機時，不知誰亂言，說星雲大師將與達賴喇嘛共同興辦大學。即使二人都到了西安，會面一事就此取消。

直到二〇〇六年，在杭州舉行第一屆「世界佛教論壇」開幕典禮後，星雲大師才獲與江澤民在上海會晤。見面第一句話，江澤民就說：「過去的種種，一切到此為止。」星雲大師在書中回憶說，大概就是指許家屯事件帶來的種種誤會，經過今天的會晤，這個往事就不去談了。「究竟此事誰是誰非，因為江澤民這樣裁決，我們也願意讓它成為過去，從此就不再提了。」

江澤民去參觀星雲大師在揚州的鑑真圖書館，佛光山派妙士法師接待。江澤民好奇的問：「你為什麼會出家呢？」妙士法師妙答說：「主席，你選擇改變中國，我出家，是選擇改變自己。」江澤民聽了非常歡喜，足足逗留了一小時之久，還為鑑真圖書館題字。應江澤民之邀，星雲大師再次與他在上海見面，興起談佛學，從《金剛經》到《瑜伽焰口施食要集》，江澤民甚至能把《瑜伽焰口施食要集》裡的〈召請文〉從頭背到尾，令星雲大師感慨。

書中記述的兩岸甚至國際人物眾多，這些人物都是星雲大師修行途中、弘揚佛法場上相遇、相熟、相知的重要人物，每一個人對他，對百年佛緣都有重要影響。是他們成就了星雲大師的佛緣，還是大師在接觸交往中更深刻了佛緣之悟，這並不重要了。

之後，《星雲大師全集》出版，我撰寫〈行佛歷程知識智慧泉源〉一文刊出，把自己對佛光山，對星雲大師的心得、感受與眾人分享是一件快事。

佛光山開山星雲大師一生喜愛寫作，著書立說和他弘揚佛法一樣熱衷。星雲大師畢生致力弘揚「人間佛教」，不僅身體力行，還不時將其願力宏偉、慈悲廣大、佛學深厚、解行相應的菩薩心記錄下來。斷斷續續看過一些星雲大師的著作，每次閱讀，都如沐浴於佛光普照和法水長流之中。

不過，大師勤快，一般人看大師著作的速度還遠不及大師寫書的速度。這部手上星雲大師的著作還沒有完全讀完，《星雲大師全集》出版了。三百六十五冊、三千餘萬字、五萬篇條目，種類豐富、論述多元，透出的資訊包羅萬象，超越學科、超越地域、超越宗教。星雲大師的文字就有穿透力，傳播的知識更跨越時代，穿越時空。

星雲大師一生奉行「以無為有、以退為進、以眾為我、以空為樂」的人生觀，他本身就是一個清貧思想的實踐者，他清貧卻又是那麼富有。他佛法奠基，講佛法卻不深奧，他的文章，他的著作說出來的道理深入淺出，通俗易懂。星雲大師的力作跨越時代、穿越時空，隨手拈來的故事輔之佛學道理，不管你有沒有佛教理論根柢，不管你文化底蘊是否深厚，只要一書在手、一個開示，都可以讓你茅塞頓開，明白個中的哲理。

人生在世已經走過九十年的生命歷程，星雲大師歷經了這個世紀的種種變遷和磨難。他自己都說：「這是一部非常複雜的《全集》，因為在我個人成長的九十年歲月中，於時間上，經歷了北伐時期、土匪橫行、軍閥割據，以至抗戰、內戰、兩岸對峙等時期；於地理上，我走遍世界五大洲，幾乎平均每年環繞地球一、二次；於人事上，上至國王大臣，下至販夫走卒，我一概平等對待，視為朋友。」

星雲大師說自己成就了「我多元的人生」，記錄「我一生弘法的行佛歷程」。這是在以自己的生命經驗著書立說，留給讀者的是取之不盡、用之不竭的知識、智慧源泉。

一個心願送書育人

佛教就是育人，講做人的道理。

佛光山育人，不拘泥誦經拜佛。送書至台灣偏遠地區，讓育齡兒童可以有機會在學校受教時，還能夠沐浴在書海中，享受書中自有的「黃金屋」。這是佛光山開山宗長星雲大師育人的方式之一。

一生沒有進過學校，星雲大師的知識都是讀書而來。他說，所謂「讀一流書，做一流人」，世界上唯有讀書可以改變人的氣質，可以增加人的品德，可以增長廣泛的知識。

生在戰亂時期，星雲大師根本沒有讀書的機會，他在佛學院「讀書」，第一次用讀書學到的語文知識寫了一篇給父母的〈一封無法投遞的信〉文，後來由老師為他投稿，意外獲刊登，大師欣喜，也得到很大的鼓勵。

從此他開始讀書，寫作。讀書、教書、出書一路走來。來到台灣高雄蓋佛光山，除了建寺廟，星雲大師特別要求修建供社會教化的場所，蓋圖書館。在佛

《星雲大師全集》共三百六十五冊、十二大類、三千餘萬字、五萬條目，長度八公尺、重達一百五十公斤

光山設立了一個民眾圖書館，後來又在新竹成立了另一間圖書館。他希望以寺院道場為學校，佛光山在台灣大約有將近八十多個道場，都有圖書館讓人讀書。

台灣離開城市就屬偏遠地區，山區是特偏。那裡的學校被稱為缺少資源「非山非市」的學校。星雲大師發現，台灣這樣的學校竟然有一千多所。星雲大師曾經嘗試雲水醫院，把醫療送到台灣的偏遠地區。

他也要求弟子們，把教育送到偏遠地區。二〇〇七年，星雲大師在佛光山成立了第一個「雲水書車」。一個車載的流動圖書館。每天都載滿書籍，送往偏遠地方的小學。

雖然這些偏遠地區的小學也有圖書室，但

星雲大師口述之《百年佛緣》，於國家圖書館舉行新書發表會。此為大師九十年之生命歷程，並呈現百年來兩岸社會、宗教、生活經驗。初版於二〇一二年由國史館發行，二〇一三年三月出版增訂本，共十六冊、一百六十萬字

雲水書車卻深深的吸引了孩子們的讀書興趣。

受惠雲水書車的學校，每當書車要來之日，就是學生們欣喜之時。讀書的效率且分享歡喜的延伸，有別於閱讀學校的書。佛光山文教基金會執行長如常法師說，是孩子們告訴我們，雲水書車上有三個祕密：在學校圖書館內是不能講話的，讀書很悶；學校圖書館也沒有這麼多的新書，雲水書車每次載的書都不一樣，而且還可以借書；還有一個祕密是，雲水書車上有一個海鷗叔叔會說故事。

雲水書車上有義工志願者隨車給孩子們講故事，他們以自己的讀書經驗陪伴孩子讀書。大家發現，在這樣的讀書形式中時間過得很快。原來，小時有人伴讀是一件很重要的事！

伴讀，是星雲大師特別關照，讓孩子讀書時不孤獨且可以更快理解。大師又吩咐所有的海鷗叔叔和義工都要學會變魔術，讓孩子讀書之餘又能在奇妙的變幻中享受樂趣。

問大師，為什麼書車上還要變魔術。大師笑說，孩子總是充滿著好奇，你要讓他有一個閱讀的憧憬。借書後，把書都看完了，義工給他變個魔術鼓勵他，要看魔術，再讀書，告訴我你的心得，我再變魔術，慢慢孩子們就喜歡讀書了。

有了成功的經驗，二〇一二年，佛光山決定，一次購買了五十部書車，向更多偏遠學校送書以促進台灣的教育。如常法師說，我們發現，台灣的版圖上，最需要送書的，集中在中南部和東部，北部有偏遠，但不多。這些年來，五十部書車，總共服務三百七十九個偏遠的學校，六十萬巡迴里程中，超過六十萬冊各類藏書供學生們選擇，加上每年百分之三的淘汰，總書量已達一百萬冊。讓書籍成為偏遠地區孩子與知識和外界的連接，點亮了這些孩子未來的希望。

雲水書車重點協助台灣偏遠，甚至特偏地區的學校，獲台灣教育部頒發閱讀推手的表彰。大師寫過一篇文章，叫做〈雲水僧與雲水書車〉（出自《貧僧有話要說》五說），闡述他的雲水概念，「它就像雲一般流動，像水一般川流」，把知識布滿各地，讓書香滿人間，讓佛光永普照，法水永流長。

星雲大師的「雲水」概念，讓雲水書車已經在大陸的揚州、宜興；香港、日本都得到推廣。大師期望回歸到故鄉大陸，那裡有更多的「偏遠」，能夠有五百部甚至一千部書坊奔馳在中國大陸的偏遠處，為更多的孩子送書。大師說，他之所以可以弘法五大洲，力量全來自閱讀和文學，讓他知道很多知識，知道很多故事。讀書讓他弘法像長了翅膀，可以飛得更高更遠。他設計這台書車、命名海鷗叔叔，是要展開讀書的翅膀，讓孩子的眼界和高度都和別人不一樣。

為偏遠地區教育服務，星雲大師還做了社會教育配套。佛光山每年都有國際書展，那些偏遠地區的孩子，沒有去大城市參訪機會，更不要說參觀國際書展，參加什麼國際活動了。每年十一月，佛光山會邀請那些偏遠學校的學生，讓那些從沒有到過城市，沒有出過自己家鄉的孩子，在佛光山文教基金會安排下走出來，帶到佛陀紀念館，參加國際書展，作為戶外教學的一課，讓孩子們開了眼界，亦提高了自己的境界。

「雲水書車——行動圖書館」讓圖書館能夠像行雲流水一樣，開往各地學校、偏鄉社區及部落，縮短城鄉差距，讓孩子們歡喜閱讀。目前，全台灣已有五十部雲水書車穿梭窮鄉僻壤、偏遠山區，設立了五百個服務點，嘉惠的兒童超過上萬人

附近有一所國小，全校有十七個學生，直到要畢業了還沒有因緣出門。佛光山將他們請出來，幫他們辦了一個畢業典禮，全校師生不到八十位，一起來到佛光山，進行了一天的生命教育。從雲水書車擴展到國際書展，擴展到畢業典禮。星雲大師的目的，要讓學校成為做好事、說好話、存好心的「三好」校園，並不斷累積教案。

依中國人傳統想法，寺廟主要是弘法，傳承佛教的教義、思想。星雲大師卻熱衷宗教以外的文化建設，尤其是從小學孩子開始。如常法師表示，弘法一般被認為就是禪修、念佛、經論等，大師教育的弘法觀念與佛教教義是符合的。太虛大師曾經說：「仰止唯佛陀，完成在人格。」大師覺得弘法是從小的教育，怎麼養成一個孝順者的過程，成為在社會上守秩序的人、有禮貌的人、有品德的人。大師覺得成就了這樣的人，擁有忠孝、禮義，有廉恥，這就是弘法思想，所以他熱衷教義之外的文化教育工作。

星雲大師深深覺得，一個好的修行人，是從做人開始。這也是星雲大師一直宣導的人間佛教。佛教不僅是在寺院中，更應該在廣袤的社會中。

161　心願

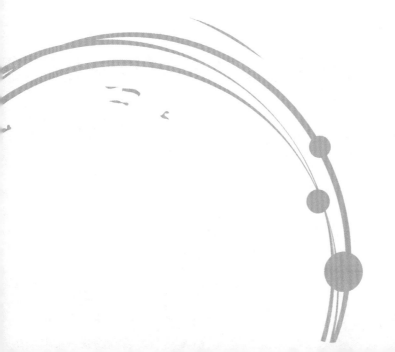

踐行

星雲大師：
人間佛教是一種大乘菩薩道思想，
依眾生需要為需要，
並能散播希望、信心、歡喜的種子，
將生活融入佛法，
當下的淨土就是實踐人間佛教而成就的。

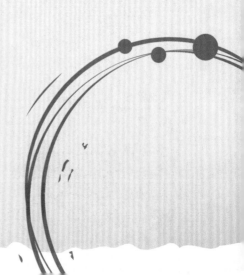

人間佛教

一生倡導人間佛教

美國回來，我急切赴台灣上佛光山拜見星雲大師。約定時間，從台北坐高鐵到高雄，星雲大師正好在高雄拜會客人，法師告訴我不著急。所以，我在左營下了高鐵還去訪問了義聯集團林義守創辦人。

用完餐後，接到通知，星雲大師要回山了。我趕緊坐車往佛光山，希望可以早於星雲大師到達佛光山，但最後又比星雲大師晚到了。

我很懊悔，為什麼每次見大師，我總是晚到，要讓大師等我呢？不過，大師就是大師，我們永遠無法跨越，我只能以此釋懷。在撰寫《星雲大師全集》體會文中，我寫下這麼一句，星雲大師永遠走在時間的前面，信眾還在閱讀他的著作中，他的全集就出版了，「我們讀書的速度永遠沒有星雲大師寫作的速度來得快」。這句心裡話，很多人都說印象深刻。

其實，不僅是寫作與閱讀之間，我們與大師有距離，即使做人行事，你的思維，行事方式，都不可能超越。

好久沒見星雲大師了，太太囑託：「見到星雲大師替我抱抱！」我也沒有多想，見星雲大師來到會客大廳，我迎上前，問大師說：「能抱抱您嗎？」星雲大師微笑著，我情不自禁的抱了抱大師。

事後，一旁的慧是法師跟我說，你很幸運，但我們都很緊張。你怎麼敢去抱師父？這一說讓我有些害怕。這也是，高僧大德怎能容你隨便擁抱？當時沒有想得很多，我只是出自對於大師的一種敬意和愛意，是因為無知才無畏了。但星雲大師並沒有露出任何責怪之意，他就是那麼平易近人，不會高高在上。

星雲大師倡導人間佛教，倡導人人可以成佛，他其實就是離我們最近的佛。你心裡覺得星雲大師離我們很遠，就是遠；你心裡覺得星雲大師離我們很近，那就沒有距離。有了互聯網更是如此，網上隨時找到星雲大師的音容笑貌，可以閱讀他最新的作品。大師一直在！

自與星雲大師結緣就耳濡目染人間佛教。一九六七年創建佛光山，星雲大師就以人間佛教為宗風，推動佛教文化、教育、慈善、弘法事業，這是星雲大師身體力行終身致力的佛教事業。今天，人間佛教終於有了系統的理論著作，星雲大師口述撰寫的《人間佛教》問世，從「回歸佛陀本懷」出發，用六個章節闡述了人間佛教，讀來頓悟，人間佛教弘揚的是人間的道理，講的就是普世價值。

星雲大師作出概括：歡喜與融和、同體與共生、尊重與包容、平等與和平。這是人間佛教教導追尋的人生價值，超越一切追求世界大同的目標。這種追尋，不就是人人嚮往的極樂世界，需要創導的一種人生哲理和普世價值嗎？

普世價值（Universal value）泛指那些不分領域，即是「人類普遍認可的共同價值」。有益的事物就有價值，對人類普遍有益的事物就是普世價值。普世價值也叫普適價值。

我們往往把宗教看成神祕之學，更認為佛是神，是我們難遇更不可就的。星雲大師說：「我們的人間佛教，要把自我提升，肯定自我，我有如來智慧德相，承認『我是佛』。這種對自我的提升，就是人間佛教精神。」其實，佛教的許多道理，並非虛幻而不實際的。很多的道理是可以應用在現代人類的生活中，而不是出世、避世的思想。所以，人間佛教注重入世而非出世；重視利他而非自利。

星雲大師自一九四八年來台灣之後，便以許多貼近當時人們的喜好或者潮流的方法傳播佛教，例如以電視、廣播，以及組織佛教歌詠隊……。而後台灣的佛教也因為這些法師的提倡，更走入在家眾，也更貼近人們的需求。

星雲大師一再告訴大家，佛教是以人為本的佛教，佛陀在各種經論中一直強調「我是眾中的一個」，表示他不是神。而「人間佛教不一定要去成佛，佛陀都已說過人人皆有佛性，我們現在所需要的是『覺悟』，覺悟自己可以調和自己與一切世界，自己能統攝自己和一切世間。」

我們可能窮盡一生成不了佛，但我們能用一生致力學佛，能被人生的普世價值所「覺悟」，就是此生最大的收穫了。

星雲大師曾經講過一個故事，有一次在美國三藩市舉行家庭普照，有一個老師向他提了一個問題，那位教師問：「我們在家的佛教徒，叫我們了生脫死，我們不想；叫我們成佛，我們也沒有動念過，因為成佛是好遙遠好遙遠的事；了生脫死，也是件好渺茫好渺茫的事。我們現在只想知道，我如何能夠過得比別人更好一點，比別人更高一點，那就好了。」聽了以後，星雲大師感觸很多，我們的佛教一直偏離了人生。過去關閉的佛教、山林的佛教、自了漢的佛教、個人的佛教，失去了人間性，讓許多有心入佛門的人徘徊在門外，望而卻步，裹足不前。

星雲大師所提倡的人間佛教，正如他為佛光山所訂定的信條：「給人信心、給人歡喜、給人希望、給人方便。」只要肯給人的、肯服務的、肯助人一臂之力的、肯跟人結緣的、肯給人歡喜的，就是佛陀的教示，佛陀在人間所給我們的教導。

佛光山提倡人間佛教，坦白說，星雲大師就是要讓佛教落實在人間，讓佛教落實在我們生活中，讓佛教落實在我們每個人的心靈上。佛在哪裡？在我的心裡。淨土在哪裡？在我的心裡。眼睛一閉，宇宙三千大千世界都在我這裡。天下的人都捨我而去了，但我的佛陀在我心中，沒有離開我。

讀星雲大師所著《人間佛教》，獲益至深，這樣的理念、這樣的教義、這樣的思想是普世的真理。你看得懂，因為這就是你不可或缺的日常生活。

人間佛教已經成為世界的潮流，星雲大師說，中國是這樣，日本也是這樣，他們認為，人間佛教是人類的一道光明，人間佛教是現實人生的一個安定生息、可以自己獲得自我保佑的宗教。

現在佛光山以教育培養人才、以文化弘揚佛法、以慈善福利社會、以共修淨化人心來互相勉勵。佛光山提倡「做好事、說好話、存好心」的三好運動；提出「四給」：「給人信心、給人歡喜、給人希望、給人方便。」星雲大師說，響應胡錦濤的和諧社會理念，我們有「五和」，我們和尚本來就是和諧：「自心要和悅、家庭要和順、人我要和敬、社會要和諧、世界要和平」。佛光山有很多的手冊，如何做一個佛光人等，都有一些理論。

星雲大師強調，人間佛教中，慈悲為本，方便為門。慈悲有時是熱鬧的慈悲，如地震了，大家捐錢表現一下，很熱鬧。但隔壁有一家孤老，或者殘障了，就忽略不關心了。「熱鬧的慈悲好做，寂寞的慈悲、沒有人知道的慈悲就不好做了。」星雲大師說，慈悲是歷久的，是一生的。對親人的慈悲，這是有緣的慈悲，要做到無緣的慈悲，不是同鄉，我跟你沒有關係，我關心你，這叫無緣的慈悲。

無緣大慈，同體大悲。

星雲大師將人間佛教的戒學、定學、慧學總結為「戒定慧」，戒是有秩序；定是不躁動；慧就是明理。星雲大師指出，過去中國人都是修佛、拜佛、求佛、念佛。佛光山強調「行佛」，在行為上替佛行慈悲，把佛的忍耐、智慧統統推陳出新，「慈悲不是說的，是行的；道德也不是自我清高，要與人有利。」佛教要救世界，佛教要救人心。

171 踐行

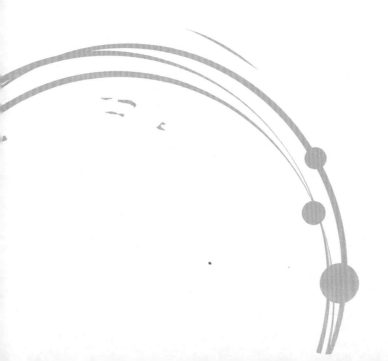

人間佛教的踐行者

二〇一四年二月，台灣佛光山開山宗長星雲大師作為宗教界代表隨國民黨榮譽主席連戰訪問北京，在釣魚台國賓館受到中共中央總書記習近平會見。

這是星雲大師一年間第二次訪京見習近平。握著星雲大師的手，習近平亦以大師稱呼，特別表示：「大師送我的書，我全都讀完了。」給佛教帶來了喜樂。

星雲大師則回應，「中國夢」帶給中國更偉大、富強的發展，令人激賞。

二〇一三年二月，星雲大師亦隨同連戰一起訪京，與習近平見了面。星雲大師送給習總書記的書是《百年佛緣》全集。

星雲大師透露，習近平也曾讀過他的新作《人間佛教何處尋》。二〇一三年與習總書記見面時，星雲大師還送了習近平一幅書法〈登高望遠〉，表達了對習總書記的期望：「身處高位，遠望到國家、人民的未來，看到整個國際形勢的未來；增強中國的國力，讓中國和世界上的強國並駕齊驅」。

習近平一年時間二次會見星雲大師，並強調讀完了他的書，是因為星雲大師

《人生》書影

《今日佛教》書影

《覺世》書影

一生在致力推動人間佛教，宣導入世、慈悲、和諧、寬容的價值，因為人間佛教有益於國家、社會、人心的建設。星雲大師說「人間佛教」就是「從山林走向社會，從寺廟走入家庭，從僧眾走到信眾，從談玄說妙走向實踐服務」。

釋迦牟尼佛在人間出生、在人間成道、在六道各地為六道眾生說法、在人間入滅（涅槃）。他的一生離不開人間。以佛教的觀點來說，「佛是已經開悟的凡夫（指一般人）；凡夫是未開悟的佛。」佛教的許多道理，並非虛幻而不實際的。很多的道理是可以應用在現代人類的生活中，而不是出世、避世的思想。所以，人間佛教注重入世而非出世；重視利他而非自利；更注重度生（照顧活著的人）而非度亡（超度已去世的人）。

釋迦牟尼佛的一生幾乎都在人間度過，他是一個真實存在過的人物，而非一個虛擬的神靈。所以佛教應該要更貼近人的需求，於是就有了更為接近生活的人間佛教。

人間佛教的思想由太虛大師提倡之後，後來有印順導師、星雲大師等人繼承。

星雲大師這樣定義人間佛教：「簡單的說，就是將佛法落實在現實生活中，就是注重現世淨土的實現，而不是寄望將來的回報」，而佛光山倡導人間佛教「就是要讓佛教落實在人間，讓佛教落實在我們生活中，讓佛教落實在我們每個人的心靈上。」由此他認為原始佛教即是人間佛教，並一再強調「釋迦牟尼佛出生在人間，修道在人間，成佛在人間，弘法在人間，這些都是說明佛教是人間的佛教。」更直言「佛陀，道道地地的是人間佛陀；佛教，道道地地是人間的佛教。」

星雲大師，江蘇江都人，一九二七年生。十二歲於南京禮志開上人出家，為臨濟宗第四十八代傳人。一九四五年入棲霞律學院修學佛法。一九四九年春，組織僧侶救護隊來台灣。曾主編《人生》、《今日佛教》、《覺世旬刊》等佛教刊物。早年在宜蘭弘道，一九六七年依託信徒支持在高雄縣大樹鄉購買土地創建佛光山，先後在世界各地創建三百餘所道場，並創辦美術館、圖書館、出版社、書局、中華學校、佛教叢林學院及大、中、小學等數十所。大師有來自世界各地之出家弟子數千餘人，全球信眾則有上千萬之多。

那一年，在離開故鄉六十年之後，星雲大師首次在家鄉開講座，講述了「我怎樣走向世界」的故事，當年的遊子已成了一位高僧大德，閱盡人間滄桑，給世界帶來了無限歡喜。

大師生逢社會變遷、世紀交替的大時代；他一生走過戰亂的流離，度過貧苦的困頓，受過佛門的棒喝。但是，儘管人生之路飽受滄桑，受盡挫折，十二歲出家的他，發大宏願，以推動人間佛教為己任。

有朋友以「心懷四海、志在八方、雲遊五大洲、星光照宇宙」讚頌星雲大師弘法的氣魄，對此，星雲大師微微一笑：「我在台灣已經居住了六十多年了，但台灣有些人還是說我是外省人。到大陸時，故鄉的人也都不知道我了，說我是台灣的和尚。轉來轉去，還是做一個地球人吧！」星雲大師也以佛家所言「心包太虛，量周沙界」來提醒自己要心胸開闊，體天地之寬。說這些話時，他流下了眼淚：「今天身在故鄉，我心中最踏實，為道莫還鄉，還鄉道不成。」

星雲大師所開創的「人間佛教」，正在讓一種超世的宗教成為大眾化的社會意識，而佛教本身在歷史上不予政治、勸人向善的精神，也可以看作是人類對自然、社會和心靈和諧的永遠追求。

讓佛教走出叢林回到社會，請佛學走下殿堂來到人間，是台灣佛光山開山宗長星雲大師的宏願。儘管早已宣布「封人」已經退下來了，但星雲大師近年依然雲遊四海，弘揚人間佛教。

接受我的訪問，星雲大師表示：「時代進步下，人類的思想在提升。有些宗教搞靈異、搞神權已不合時代，只有從人性淨化、生活改良等出發，只有對人類和平、秩序建設有貢獻，宗教才容易讓人接受。尤其是釋迦牟尼佛，他不是神，只是一個人，是一個覺悟的人。他所想帶給世界的就是自在、解脫、安樂。人活在世界上，只為發財，擁有田地、房屋，但不平安、不歡喜，這些都沒有價值。」

搭建一個和諧平台

當母親將星雲大師交給信眾，他注定就是屬於眾生的，即使必須住院休息，也放不下。二〇一一年的十二月，經過幾天治療，因再度中風入院的星雲大師執意要回到信眾身邊。在團隊醫師們體恤星雲大師掛念佛陀紀念館下，勉強允許出院。長庚醫院院長、醫師們都囑咐要多休息，但因為星雲大師早已承諾要出席「百年好合——佛化婚禮暨攜手同圓——菩提眷屬祝福禮」。他不想食言，冒著寒風細雨，抱病為來自全球各地的近兩百對新人、八百對菩提眷屬，共計超過千對夫妻福證。其實，星雲大師經常跟他的弟子講：「這一生所做的努力就是如何讓人家懂，為人家的需要。」

在迎接二〇一二年，翻開新的一年之際，星雲大師向所有關心他身體健康，關心佛陀紀念館，關心台灣和諧，世界和平的人們致以謝意，並祝福大家！用心替人著想是星雲大師的人生意義，一生關懷眾生，在他生病入院受到關注時覺得不好意思。為免眾人疑慮，星雲大師在「佛化婚禮」現場還舉起雙手向大

二〇一三年佛化婚禮暨菩提眷屬祝福禮

眾致意，他告訴信眾，情況良好，不必掛念。

星雲大師是近幾月來第二次中風，因為操勞佛陀紀念館，他二十六日晚在佛光山會議時，感覺不舒服，左手不能抬舉，趕緊送往醫院，腦血管出血，還好趕在黃金時間救治及時，沒有傷及思維及說話。入院期間，星雲大師受到各方人士的關心，馬英九總統致電問候，副總統候選人吳敦義、立法院院長王金平、高雄市市長陳菊都送來祝願早日康復的花籃。馬英九總統和陳菊市長本要親往醫院探望，醫生為了讓星雲大師能夠清靜休養婉謝了。

在各界拚選舉，朝野對立、族群分裂的台灣，很少有像星雲大師那樣可以超越政治、超越藍綠而受到各界尊敬。

佛陀紀念館開館落成典禮進入第三日，馬英九總統夫人周美青、陸委會主委賴幸媛；民進黨總統候選人蔡英文、高雄市市長陳菊，分別代表藍綠的四位女性領袖同台，受到佛光山的禮遇。在台灣大選如此熾熱之際，佛陀紀念館搭起文化平台，雖然無法讓政治撕裂的台灣做到同台泯恩仇，但無論是賴幸媛，還是蔡英文、陳菊上台發言，都沒有以此作為選舉戰場，圍繞著佛陀紀念館，講的都是宗教和文化。在台灣臨近大選，到處都充滿著選舉語言、政治符號之時，難得佛陀紀念館可以成為一方淨土。

肅穆的大典活動，馬英九夫人周美青衣著休閒，下半身牛仔褲搭配黑色休閒鞋，捲起褲管，筆挺的坐姿及俊俏的學生風格引人注目。蔡英文到場及致辭時，周美青均禮貌的拍手鼓掌，神態自然。周美青行事低調，請她上台坐貴賓席，她客氣的婉拒，悄然入會場坐在第一排，最後大會以介紹嘉賓方式請她上台。負責接待的依空法師告訴我，周美青在台灣的習慣就是不講演、不剪綵、不圓桌吃飯，寺院安排電動車，她也婉拒，一定要走路。

在中央走道步行前往佛陀紀念館參觀，沿途受到民眾熱烈歡迎，短短一百公尺距離走了近二十分鐘。信眾擁擠著，她還不讓隨扈去阻擋人群。除了握手，還九十度彎腰鞠躬，讓在場民眾直呼好親切。有民眾說握到了周美青的手，「好柔軟！」也有大陸的遊客喜悅的高叫「拍到照片了！」卻又轉身問身邊的台灣朋友，「這是什麼官，為什麼大家都喜歡？」台灣朋友告訴她，她就是第一夫人——「美青姐、周阿姨！」

周美青由導覽人員引導參觀佛陀紀念館，看到佛陀一生的故事，周美青說很喜歡，她說收到有關資料，也認真閱讀了，她要來這裡看看，以後可以跟小朋友講佛陀的故事。寺院安排用餐，周美青認真的問吃什麼？聽說是便當，她很高興，但拒絕到單間，要和大眾坐在一起。

佛陀紀念館，搭建起了一個和諧的平台。

大師要我做件事

二〇一四年九月我上山拜訪星雲大師，請教星雲大師佛光山是如何管理的。談到興起，星雲大師拿出一本書來——《獻給旅行者365日——中華文化佛教寶典》，然後讓我高聲朗讀他寫的序，大師深藏多年立志出版此書的心願躍然紙上。他沒多作解釋，卻告訴我此書想印製六千萬冊，以供旅人。星雲大師要我好好傳播。

《獻給旅行者365日——中華文化佛教寶典》不是童話，也不是聖經故事，而是星雲大師呈獻給旅行者們的中華文化佛教寶典。

這是一本星雲大師用了五十年時間致力編著的寶典，至今才圓夢。早在五十年前，他就有志於此一工作，讓眾生在一日又一日、一月又一月、一年又一年的人生旅途中，面對徬徨無助、悲歡離合、榮辱毀譽、成功的喜悅、失意的傷感時，有中華文化的勵志精神指點迷津予以相助。

AA8 文匯副刊 讀書人

2014年10月6日(星期一) 香港文匯報 WEN WEI PO

張賢亮
一生多舛向明月 滄海飄搖細雨時

靈與肉中，解剖時代與人生

大力推動文化產業

《靈與肉》將拍成電視劇

書介

尼爾．蓋曼短篇精選3：易碎物

十年淬鍊劉在錫：從沉寂無聞到風靡亞洲

J

Vivienne Westwood

大叔

星雲大師給你一生的聖典

書評

徵稿啟事

〈星雲大師給你一生的聖典〉一文刊登於
二〇一四年十月六日香港《文匯報》

回到香港，我撰寫了《獻給旅行者365日——中華文化佛教寶典》讀後感：〈星雲大師給你一生的寶典〉，發表在香港《文匯報》副刊。

由星雲大師總監修，蔡孟樺主編的《獻給旅行者365日——中華文化佛教寶典》一書問世，以中華文化為主基調的寶典，縱橫三千多年的中華文化精粹，蒐集四百位作者，八百則作品，有詩詞、歌曲、家訓、座右銘、勸世文乃至經論等等，編著一部盛世之作。

正值中國第三十個教師節前夕，中國國家主席習近平現身具有典型師範性質的北京師範大學並指出：「我很不贊成把古代經典詩詞和散文從課本中去掉，『去中國化』是很悲哀的。應該把這些經典嵌在學生腦子裡，成為中華民族文化的基因。」星雲大師則希望以「中華文化佛教寶典」為人生教科書，「願鬥志疲倦的人，看了會振奮精神；有委屈不平的人，看了會心開意解。」也「希望它能像暗室中的明燈，照亮每個人的心靈，作為人生的導航。」

出家人編輯寶典，自然應該以佛教為主，大師卻堅持要以中華文化為內涵。主編蔡孟樺告訴我，星雲大師把他早年一路讀來的古文，常年背誦的詩詞，一一找出來，眼睛幾乎失明的星雲大師以自己的記憶對稿、作選擇。「有時，我們讀出上半句，大師就接著把後面的都背出來了。」

蔡孟樺最早想到的就是佛法的博大精深，如《金剛經》的四句偈，「一切有為法，如夢幻泡影，如露亦如電，應作如是觀！」很多人都懂得背誦，朗朗上口，著名而有美意。

星雲大師認為，佛法的知識太深奧，特別是一些著名的經典，一般的人根本無法在短時間通過三言兩語得到理解。即使要收錄書中，亦須作通俗易懂的解釋。《金剛經》的四句偈星雲大師接納了，收錄在書中第五月十九日，並作了詳細註解。

書中編錄的一些古代的詩詞，有很多悲歡離合、花開花落的故事，苦空無常。比如蘇軾的〈和子由澠池懷舊〉：「人生到處知何似，恰似飛鴻踏雪泥；泥上偶然留指爪，鴻飛那復計東西。老僧已死成新塔，壞壁無由見舊題；往日崎嶇還記否，路長人困蹇驢嘶。」

這很感嘆無常，看了會激起奮發鬥志嗎？星雲大師回答：「其實苦，會給人帶來力量。」古人在外經商，都常在旅途中，沒有手機、電郵。現代人的通訊是很方便的，「莫愁前路無知己，西出陽關是故人」。現代人坐飛機飛來飛去，可能都不怕無故人，但古人離別那種無法相見須珍惜的情形化作詩詞，可以給現代生活優越的人生更多的思考。「雖然有苦，看到別人的痛苦才能去體驗自己現在的幸福。」

書中收錄不少星雲大師的人生體驗，有些是數千字的文章，節錄為二百來字。星雲大師都細心聆聽，認真修改。如〈有佛法就有辦法〉一文，聽念時，他又再作補充，力求明瞭。什麼是佛法？他就說，酸甜苦辣是佛法，因果報應是佛法。星雲大師以更為通俗的詞語來解釋佛法，讓佛法更貼近旅者。以寶典來說很口語，但這就是人間的生活。星雲大師，他把自己一生的閱讀和人生體驗都詮釋在此書中。

還要告訴讀者，這樣的境界並非高深莫測，尤其是一些古文，有些都作了註解，甚至譯為白話文。在編輯上也盡顯靈活彈性，沒有統一的格式，沒有分類，有的有註解、譯文，有的沒有，有的留白很多。星雲大師希望以平常心，通俗化的態度看待人生，以文化充實人生。生活就是這麼一天一天走來，是輕鬆，也顯充實。

這本書匯聚了星雲大師一生的知識集錦，有他自己讀過的經典，也有他知識創造的經典，還有他選擇推薦的經典。和大家分享、向大眾作開示。「仁義禮智信、忠孝廉恥勇」，幾千年來不敗於世的中華文化、中華文明，人生之道和處事哲學，星雲大師認為，那就是佛法。他倡導做好事、說好話、存好心，一切顯示正能量的都是佛法。人間充斥悲歡離合，當一切都給以生活正面的啟示時，都是人生的養分。

編輯完成，星雲大師計算印刷費用，他自言自語道，大概要花二億新台幣。印一本書要二億？周圍的人都嚇了一跳。但他又說，如果有一個人，因為這本書給他的人生帶來了光明，這二億花得就值得了。星雲大師的生命價值觀是，只要文化經典中有一句話讓一個讀者受益，花的錢就有意義。

在生命的旅途中，每一個人都是旅客，是行走在生命中的旅人，星雲大師以文化、思想、人間佛教的經典，呈現給你充實一生、勵志一生的聖典，希望可以成為弘揚中華文化的人生教科書。

李斌構思星雲油畫

聽說美籍華裔畫家李斌正在創作曼德拉的大型油畫肖像，我從香港趕到上海採訪李斌。

一幅大型油畫，記載著一個人改變一個國家、改變一個族群命運的故事，將歷史用圖像演繹為一部史詩，承載著歷史跨度，又有現實意義。

站在展示曼德拉一生巨幅畫像前，觀賞寫實史詩的歷史呈現，猶如翻閱一本著作。李斌表示：「當下所有的藝術品、書籍、文學作品等等，最重要的是它的不可替代性。所謂的不可替代性，是說曼德拉有大量的圖像。我用畫筆是要讓人感覺到它的必不可少，不可替代性。也就是說，我在形象塑造上下了很大的工夫。」

李斌在海外長期從事油畫肖像和大型社會題材的繪畫創作，憑藉其精湛的技藝和勤奮的精神，在海外獲得廣泛聲譽。他的油畫肖像作品神形兼備，功力深厚，有歐洲古典主義遺風，頗受境外人士歡迎。可貴的是，即便身居大洋彼岸且功成名就，他也從未停止過對中國近現代歷史的反思和對知識青年命運的關注。他數十年以來的作品始終貫穿著兩個主題：一個是對近現代中國歷史的深刻反思，另一個是對知青生活的深情回憶。

在和李斌交談中，我發現這位有志向的油畫家，心中還有另外一樁構思已久的畫作沒有完成。

剛剛讓一幅以彩虹為主基調，三米三高、三十米長的南非黑人領袖曼德拉巨型油畫成型，畫家李斌看到中共總書記習近平會見星雲大師的新聞，又勾起他多年未了的心願。

熱衷於歷史題材、人物故事的油畫創作，李斌早些年開始構思，要將星雲大師弘揚佛法的一生，以巨型油畫的絢麗色彩展示佛教改變人生，描繪歷史的真實故事。

上世紀九〇年代初，李斌受託畫了不少國民黨人的肖像。一九九五年紀念抗戰六十週年，有人委託繪製宋美齡肖像送給她，讓李斌突發奇想，紀實性肖像的模式，成為他人物油畫的風格。畫中主人翁在前，以人物重要的歷史故事作襯托，用圖畫展現人生的重要時刻。

一九九七年時李斌畫了一幅國父孫中山的油畫，背景是中華民國青天白日滿地紅的國家地圖，然後把一百二十個開國元帥畫在地圖上。所見者都為宏偉氣勢所讚歎。

經台灣黃書瑋立法委員及陸鏗的牽線，李斌二次上佛光山拜會星雲大師。佛光山氣勢恢宏，星雲大師氣度非凡，氣場非常宏大，讓李斌震懾。

那時，佛光山有一位建築師彭先生，他正在佛光山設計道場，在國父紀念館看到「國父畫」後到處找李斌，邀請李斌再上佛光山見面，希望能好好構想，為星雲大師畫一張大的油畫像。

李斌一口答應。然當他有些構思，再打電話給彭先生時，接電話的卻是彭太太，彭先生不幸往生。李斌說：「我和佛光山的聯絡中斷了，但我構思星雲大師的肖像畫卻越來越完整了。

星雲大師有很多傳奇故事，其法號很有意境。星雲大師是佛教界功德浩大舉世無雙一代宗師，他的「星雲」法號與佛光山道場符號已成當代佛學界最具影

李斌創作〈星雲圖〉（未完成）

響力的象徵。李斌認為，畫佛教人士的畫像，應該從禪語入手，星雲大師的法號很有禪意，有很多想像空間。他突發奇想，從星空和宇宙著手，浩瀚的宇宙中，朵朵雲彩，遠處的星辰，組合成象徵星雲大師八十多年的經歷。從名字到內容，人、佛、景相互輝映，有自然景觀，又有人文景觀的張力。「簡單看是一張星雲圖，但整體上是一個成佛者的歷程」。

李斌構思出一張草圖，畫出樣張。宇宙星空前有朵朵雲彩欣欣向榮，星雲大師端坐其上；每朵雲彩畫出星雲大師創立的百餘所道場、重大佛學活動場景、信眾、菩薩行者代表人物的組合以及他本人的著作。

由遠及近，按時間順序將星雲大師幾十年來的弘法貢獻一一鋪陳開來，永存世間，供人觀摩瞻仰。李斌說，這是一種符合禪意的構思，第一視覺印象是星雲大師的慈祥坐像，背景是浩瀚的雲海。第二視覺印象是看到千朵雲彩承載著星雲大師的無量功德，其中有巍峨的寺廟、莊嚴的法會、慈悲的信徒、和諧的榮景……。

定格的畫面，能讓觀眾一目了然的感受到，佛光山開山宗長星雲大師淨化人心的不朽功德。

此畫可將大師九十年的歷程由遠而近逐一向觀眾顯現，縱深感受星雲大師在傳佛路途中的艱辛與漫長，橫向感受星雲大師在弘法大道中的氣度與壯觀。定格畫面，可讓觀眾在一覽無遺的瞬間視覺中，領略星雲大師的功德無量，巨制大畫，又可讓觀眾由近而遠的回顧著星雲大師的一步一腳印，走出的壯麗圖景。

原本打算在三年後迎來星雲大師九十大壽與佛光山開山五十週年慶典。〈星雲圖〉問世以示賀喜，是一件以巨制大畫呈現星雲大師一生輝煌的盛大禮讚圖。

我一直鼓勵李斌先生可以先行動手畫作，但種種原因都無法促成，至今還是一件憾事。

佛館

星雲大師：
佛陀紀念館是歷史的建築。
我弘法七十年，
七次造訪佛陀出生到涅槃的居住地印度，
不斷在尋尋覓覓佛陀在哪裡，
最後，
發現「佛就在心裡」。

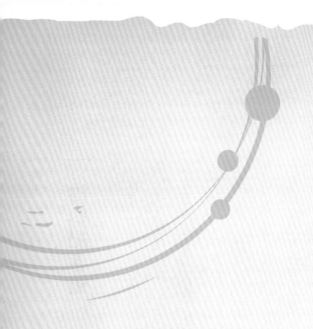

台灣佛光山佛陀紀念館，二〇一一年十二月二十五日落成

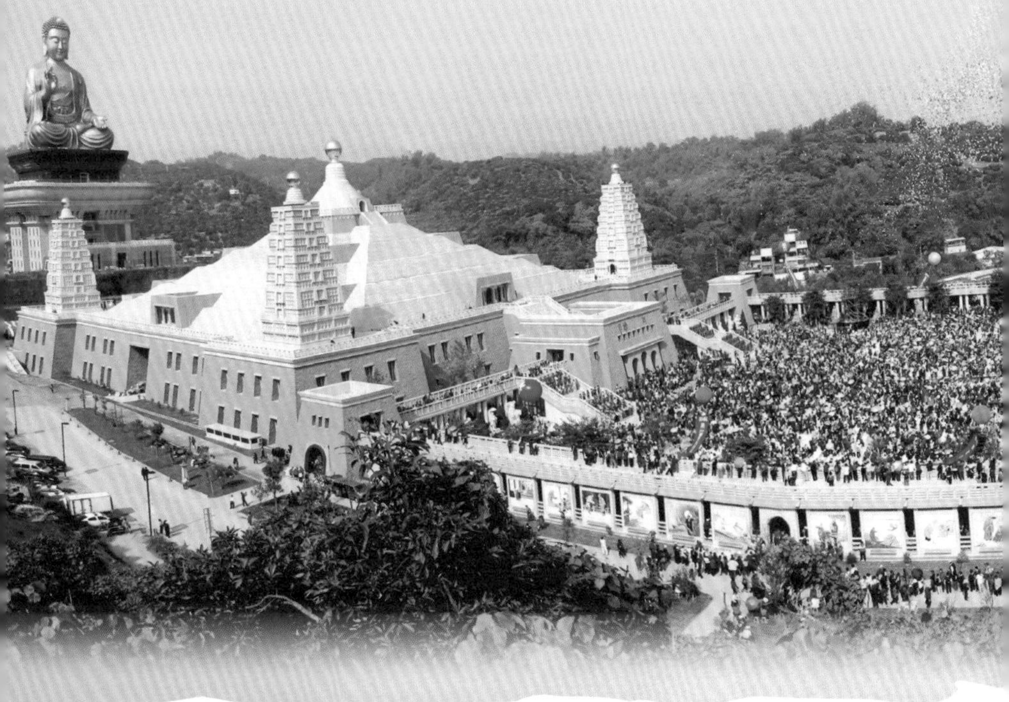

佛的紀念館

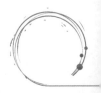

佛光山佛陀紀念館於二〇一一年十二月二十五日舉行落成開館典禮。除了邀請馬英九總統剪綵，兩岸佛教界重要級人士也應邀出席，堪稱兩岸佛教界盛事。我應邀落成典禮後幾天前往，約好星雲大師接受我的專訪，因為典禮後大師可以空出一點時間。

不過，其實大師一點都不空，連續幾日都是名人雲集。分別代表藍綠四位女性領袖的馬英九總統夫人周美青、陸委會主委賴幸媛、民進黨總統候選人蔡英文、高雄市市長陳菊等到來，又將佛陀紀念館開館推入另一高潮。

在我預定的行程中，意外的聽到星雲大師不適的消息，前一晚入住醫院。連台灣這些重要的女性領袖都無緣見到星雲大師，我只能在新落成的佛陀紀念館大佛前祝大師早日康復。心中沒有惆悵，只有掛念。

佛光山特別安排惠師父接受訪問，講述佛陀紀念館，給了我極高的禮遇。

新落成的佛陀紀念館，坐落在高雄佛光山腳下，占地一百餘公頃。這裡原本是一家德國製造炸藥的公司，企業撤走後，星雲大師在此修建佛陀紀念館。他以最佛國和諧的詞語開解，這是「從戰爭走向了和平」。

佛陀紀念館從設計到建成，歷經十三年之久。光是外觀設計圖就經過上百次修改，成為現在除了主體建築本館外，擁有「前有八塔，後有大佛，南有靈山，北有祇園」的宏大格局，成為一座融和古今中外、傳統現代的建築，具有文化與教育、慧解與修持的內涵。

這裡，凝聚著星雲大師一生的心思，又是他弘揚佛法的新開始。據經典記載，佛陀涅槃後，留存在人間的佛牙舍利有三顆。一顆在斯里蘭卡，一顆在中國大陸，第三顆則於一九九八年時，由西藏喇嘛貢噶多傑仁波切聯名十二位喇嘛，共同認證簽署，將佛牙贈送給星雲大師。星雲大師感悟，能把宇宙稀有之寶佛牙舍利迎回台灣供奉，是台灣佛教界的盛事，更能帶來社會祥和與世界的和平，因此決意在台灣覓地建塔供奉，期待讓全世界的有緣人都有機會禮拜、瞻仰。

星雲大師的願望，是要讓佛陀紀念館成為超越政治、超越國界、超越兩岸、超越宗教門派的極樂世界。最初的三年，外觀設計圖便繪製了百多張，但建築

二〇〇七年十二月二十日星雲大師設計佛陀紀念館雛型

師都搖頭說難以成為建築，最終求教星雲大師。

星雲大師取出報紙、礦泉水瓶、手紙盒等，在地上鋪就佛陀紀念館設計草圖。星雲大師以「佛在人心，佛國就在人間」開解，他說：「佛陀並不需要寶塔，而是眾生需要，我憑著這句話而建寶塔。」讓設計師和建築師都豁然開朗。

從佛陀紀館入口處向本館寶塔走去，沿著筆直平坦的「成佛大道」，抬頭仰望端坐的佛像，朝陽讓大佛披上金色；當走回禮敬大廳，依依不捨的一步三回頭，只見晚霞在大佛的身後托起雲彩，祥和而端莊。

連續二天在佛陀紀念館聖地觀賞遊覽，信眾王叔華說：「在大陸進寺院是求神通，來到這裡是得智慧，無形中被文化感召。」走進佛陀紀念館，無須燒香點火，卻照樣可以點燃善心、慈悲心，盡顯祥和。

「成佛大道」兩側，左右對稱聳立八座塔，星雲大師親自設計，還為它們各自取了名字，畫出佛教修行的整體輪廓。一教塔：一切的佛法都在人間，就是我提倡的人間佛教。二眾塔：出家眾與在家眾同道修行。三好塔：身做好事、口說好話、心存好念。四給塔：給人信心、給人歡喜、給人希望、給人方便。五和塔：自心和悅、家庭和順、人我和敬、社會和諧、世界和平。六度塔：發菩提心、行六度波羅蜜。七誡塔：從殺盜淫妄酒的五戒，增加誡賭博、誡暴力成為七誡。八道塔：佛陀的教法「八正道」，正見、正思惟、正語、正業、正命、正精進、正念、正定。來自大陸的官員，紛紛索要這些充滿哲理的介紹，作為大陸文化建設的參考。

本來筆直的塔身，星雲大師都加了基座，要把參訪客人迎進塔裡，喝杯茶、歇歇腳。每座塔下各有文化風采：文化廣場、展覽廳、喜慶之家等，展示的就是眾生歡喜、眾生需要。禮敬大廳有素食的「7-11」（已無營運）、漢來飯店，還有星巴克咖啡廳，有好吃的巧克力及佛教禮品，將星雲大師的人間佛教的理念落在實處。

為了眾生需要，星雲大師這十多年來，只要回到佛光山，每天起身就往建築工地跑，一天起碼三次，佛陀紀念館遍布了星雲大師的腳印。都說因為糖尿病，星雲大師的眼睛模糊，看不清。星雲大師說：「我心中自有方寸。」其實，心中的方寸還是來自身體力行。

星雲大師對每一間淨房（指廁所）都仔細檢視，在殘障人士專用淨房，星雲大師坐上輪椅實地測試，以自己的身體量距離；佛館設計很多浮雕，為求完美，星雲大師都用手去撫摸，去感觸浮雕的深淺；館前種上一排小葉欖仁樹，星雲大師走到這兒覺得有些空，他將十八尊羅漢放在每棵樹的中間，伸展的樹枝天然為羅漢遮風擋雨。叫人稱歎的是，十八羅漢其中有三尊是女性。星雲大師認為，在佛教中有崇高地位的羅漢不乏女性，她們同樣有造詣，應該受到尊重。

八塔沿路都設有風雨走廊，走廊一邊是星雲大師一筆字抄寫的二十二幅詩偈，及佛陀故事的水泥浮雕、禪畫禪話；另一邊是兩個一對的石凳作為大眾休息。做一個一個石凳代替長條的椅子，是怕有人喜歡霸著椅子睡覺，不雅。星雲大師將兩個石凳之間的距離都設計精確，方便交談。星雲大師心胸寬闊又心思縝密，叫人感動。

來到佛陀紀念館的任何一位都可以隨意享用平安粥（目前已無），不收分毫，星雲大師以粥代茶，讓眾生結緣。

佛陀紀念館也不收門票，隨意出入。當初徵求弟子意見，一半人主張要收門票，聽取了各位住持及長老的意見，星雲大師說服大家，佛陀紀念館不收門票，為的是闢出一方人間淨土，在人間建立佛國。星雲大師說，無論你是信仰佛陀、天主基督，甚或媽祖，進入佛館就感受到自己是佛、是天主、是媽祖，心、佛與眾生，三無差別，佛館讓來自全世界的民眾看見自己、肯定自己，進而提升自己，這就是佛館設立的目標。

佛館尋求新生命

高雄佛光山的佛陀紀念館開館兩週年之際，我又一次來到佛陀紀念館，親眼所見，佛陀紀念館成為民眾尋求生命新力量的所在，也吸引眾多大陸遊客，還使前往高雄的遊客激增一倍。

高雄市警察局偵查佐劉璟峰在偵辦一起盜竊案時，嫌犯提出想買書在看守所內閱讀，劉璟峰就近在一家書店挑選了五本二手書籍，其中有一本正是讓嫌犯懺悔罪孽，交代了二〇〇六年以來犯下的八十多起竊案的《星雲法語・成功人生》一書。至此，員警偵破竊案，移交法辦。

嫌犯本想看愛情小說，高雄警察劉璟峰告訴我，他進書局抬頭一看，恰好站在宗教書籍區，花二百四十元幫林姓嫌犯買了五本二手書，其中包括《星雲法語・成功人生》、《六法全書》及三本文藝小說。「嫌犯起初對於所犯竊盜案多所保留，但自從看了星雲大師的著作後，卻奇蹟似的有了轉變，不但連寫了四封信向警方表達懺悔之意，且表明期望早日將所犯案件交代清楚，好讓他可以換得『真心懺悔，獲取一夜好眠』的機會。」劉璟峰在佛陀紀念館建館雙週年時來到此地，他專程求購了《星雲法語・成功人生》一書，要好好拜讀。

星雲大師有很多理念，做人的道理以書籍傳揚拯救靈魂。他創立佛陀紀念館，就是要以文化和藝術弘揚佛法傳播教育。佛陀紀念館建館以來，吸引了眾多遊客前來觀摩，這裡成為遊客必到的重要景點。佛陀紀念館把人潮帶來高雄，前往高雄的遊客自佛陀紀念館落成後提升了一倍，每天來到佛陀紀念館的大陸遊客少則二十多個團，多則達到五、六十團。

韓國釜山航空開出釜山至高雄航線，首航就請了韓國出家人同行。佛光山副住持慧傳法師告訴我，有出家人稱，釜山航空開通這一航線的重要原因之一是看重高雄有佛光山，未來可以將很多佛教徒帶過來。

上海春秋航空首航高雄，也請佛光山祈福。慧傳法師說，他們都認為佛光山有助促進旅遊。「前不久從內地到高雄的一條遊輪靠岸，千多人上岸後直奔佛光山，遊園佛陀紀念館。」

遊客帶來了對佛法和文化的尊重和熱忱，帶走了對佛光文化的歡喜。來到佛光山，遊客們最喜歡購買星雲大師的著作，光「文教廣場」的一個購書點，總共有二千多種書，星雲大師的書占到八成。每個月，這裡會出售三千五百本書。這樣的購書點有六、七個。

最受歡迎的要屬《佛光菜根譚》，星雲大師以通俗易懂的文字道出生活的智慧，傳遞佛法推廣人間佛教。這本書，每個月都要賣出上百本。

有一位大陸的領導，翻看星雲大師的《佛光菜根譚》，覺得這些理念很有幫助。看到有個牌子上寫了一句話：「有能力的人，處處給人方便；沒有能力的人，處處給人痛苦。」領導看後，叫下屬都過來，要他們記住，做個有能力的人。慧傳法師說，看到這個場景，我們很寬心。因為這句話，就有可能改變領導們的行事風格。

為方便大陸遊客，書店還專門開出簡體字專櫃。有一位河北來的女商人，感念對星雲大師理念的認同，凡星雲撰寫的書都同樣買兩本，總共買了三十萬新台幣的書籍。潛心學佛的遊客也會關注弟子惠師父與星雲大師問答的《僧事百講》，內容涉及佛教制度、佛光山的制度，例如為什麼吃飯叫過堂？出家師父有什麼規定等，很多外面人不了解的都寫在裡面。

在佛陀紀念館開館二週年，十二月一系列的文化紀念活動，再一次拉開佛光山頌揚文化的序幕。十二月二十一日，佛光山佛陀紀念館開館雙週年，以「關懷莫拉克重建慈善義演」開場，藝人澎恰恰力邀演藝界好友許效舜、龍千玉等十多人響應。

四年前莫拉克風災，南部被肆虐，星雲大師當時囑咐開放福慧家園給大家住。直到災民回到家園。重建家園後，澎恰恰去探望，發現村民不是很快樂，但他們很感激佛光山。經過了解才知道八八水災那時，佛光山給予災民很多關懷。災民種植紅肉李，因為風災把路斷了，無法送出。佛光山派人教他們如何做果醋、牛軋糖，並幫他們開發、促銷，還免費架設一個公益平台幫著銷售，然後就可以把東西賣出去。藝人聽了後決定，凡是購買災民八百元以上物品的，就送張免費入場券、在佛陀紀念館的一場演唱會已經不是一般的娛樂活動，而是一種感召，一個愛心。唱世俗歌曲，但世俗中包含慈悲。

二十二日的活動更特殊。天主教為了紀念單國璽主教，舉辦馬拉松比賽，起點從佛陀紀念館開始，繞一圈，跑到高雄茂林。星雲大師和單國璽主教兩人交情四十多年。十年前天主教「真福山社福園區」動土，星雲大師應邀參加，同時捐贈五百萬元經費，並表示一年一捐，五年送完。星雲大師是為了讓佛教和天主教友誼長久，不僅停留在上一代，下一代的人也要繼續互動，將情誼延伸下去。馬拉松比賽從佛陀紀念館起跑，目標就是星雲大師要求的尊重、包容：尊重他人的宗教、包容別人的習慣，就能夠在不同的族群宗

教當中能夠過著很快樂的生活。

星雲大師在興建佛陀紀念館的時候提出「千家寺院百萬人士，共建佛陀紀念館」，這個紀念館，是所有佛教徒的，是大眾共同發願、共同出力。雙週年紀念，有千家寺院聯誼會、有神明聯誼會，那一天有上千尊神明回到佛光山，聚集數萬人。曾經作過上千首好歌的資深音樂人劉家昌，也在佛陀紀念館舉辦連續三天的音樂會，挑出三十多首動聽老歌以饗歌迷。

佛光金剛婦女的校閱大會、萬人合唱大會、佛化婚禮和菩提眷

二〇一四年世界神明聯誼會盛況

屬禮等，信眾們將和星雲大師共同送舊迎新，在佛陀紀念館不斷尋找新的生命力量。

佛陀紀念館自二〇〇三年啟建，歷時九年，於二〇一一年竣工，開創了「前有八塔，後有大佛；南有靈山，北有祇園」的宏偉格局，為一座融和古今、傳統與現代的建築，具有文化、教育、慧解與修持的功能。這二年來，佛陀紀念館猶如一座佛教大學，透過文化、藝術的呈現，達到淨化人心、社會和諧的教育功能。

佛陀紀念館邀請諾貝爾文學獎得主莫言來演講，整個大學堂全部坐滿，有些企業家特地從大陸趕來聽演講，主題是「看見夢想的力量」。星雲大師從宗教家的夢想談起，莫言老師從文學家的夢想講開，高希均教授從經濟學家的夢想說起。

結束之時有個綜合座談，大師和莫老師他們坐一起。莫言講了個故事：「我這幾天住在佛光山，這些法師對我很好。前天晚上我們在喝茶的時候，突然我看到，有隻小壁虎，盯著一隻螢火蟲，想吃牠，另一隻大壁虎也準備要吃。這個時候法師看到了，就對這兩隻壁虎說：『喂，你們不要殺生啊！你們不要吃這隻螢火蟲啊！』到底是壁虎聽得懂，還是法師威力無比？大壁虎竟然跑掉了，小壁虎見大壁虎跑掉也跑走了。」

莫言問：「壁虎不吃這隻螢火蟲，也會去別的地方吃別的螢火蟲。你們到底要怎麼取捨？這個事情我想不通，要請教星雲大師。」大師回答：「對於這個問題，有一個方法很簡單，何必一定要吃昆蟲，就叫壁虎吃素就好了。」這個聽起來像是調侃，但寓意深刻，莫言聽後哈哈一笑。

給我講這個故事的慧傳法師說，星雲大師開示我們，人生很多問題，我們不要執著在一個點上，有時候跳出這個點，很多問題就化解了。

無論從星雲大師營建佛陀紀念館，還是平時坐言起行，都會有很多生命的哲理。佛光山演繹的就是這個道理。

香港與佛的緣分

讓佛教走出叢林回到社會，請佛學走下殿堂來到人間，是台灣佛光山開山宗長星雲大師的宏願。儘管早已宣布「封人」，星雲大師近年依然雲遊四海，弘揚人間佛教。剛剛在南京、揚州演講完，又趕到香港參加在紅磡體育館的大型法會、主持「香港佛光道場」開光儀式，以及香港中文大學簽署「人間佛教研究中心第二期合作協議」，並在中大作「禪與佛」的專題演講。一連串的弘法活動，令四月璀璨香港的這顆東方明珠，不僅陽光照耀，而且佛光普照。

香港新佛光道場坐落在九龍灣億京中心，參考台灣佛光山總部的設計，不顯金碧輝煌，但求清新樸雅。數層樓面內不單擁有一般寺院的大雄寶殿、齋堂、禪堂等。還依據社區活動特點，設有現代化會議室、活動教室、圖書館、美術館、錄音室、兒童活動室等，成為喧囂香港中一座結合文化、藝術、社教、弘法、共修等功能的現代化修行道場。別具一格的美術館可方便信眾靜心接觸佛教文化；為香港市民共用的滴水坊，提供文人雅士休憩餐飲。五光十色、充滿誘惑的繁華香港中，在星雲大師和佛法的引領下，為市民營造舒適自然、身心清淨的另一個香港。

星雲大師在道場佛像揭幕開光時說，「其實佛光本來就普照，佛像並不要我們為其開光，而是要開自己的心光，所謂千年暗室，一燈就明亮了。」星雲大師希望攜香港佛光道場落成之際，推動人間佛教，讓香港人心中的那盞燈可以更為明亮。半個多世紀以來，星雲大師領導的佛光山致力於建立、實踐和推廣人間佛教思想。

香港佛光道場外觀

二十多年前，星雲大師在香港紅磡體育館舉辦了首場大型演講法會，開創當代佛教弘法先河。自此，人間佛教在香港扎根，並走向世界。接受我的訪問，星雲大師表示：「時代進步下，人類的思想在提升。有些宗教搞靈異、搞神權都已不符合時代，只有從人性淨化、生活改良、道德樹立，宗教只對人類和平、秩序建設有貢獻，這樣宗教才容易讓人接受。尤其是釋迦牟尼佛，他不是神，只是一個人，是一個覺悟的人。他所想帶給世界的就是自在、解脫、安樂。人活在世界上，只為發財，擁有田地、房屋，但不平安、不歡喜，這些都沒有價值。」

香港的佛教是有難以抹去的歷史。據星雲大師憶述，在一千六百年前東晉時代，杯渡禪師用一隻茶杯，站在上面，從大陸渡海到香港青山這個地方，建了香港第一座寺院——青山寺。後來香港就有了出家人，只是因為那個時候佛教也沒有教育，也沒有傳教，直到百多年前，中國大陸上的靄亭法師、若舜大和尚等好多人相繼到香港來弘法。六十年前，戰爭的原因，一些大陸出家人、大和尚、大法師蜂擁到了香港。星雲大師說：「香港在中國的經濟上，不但是『東方之珠』，在佛教來講，它也是佛法僧三寶的寶地。」

五十多年前，星雲帶著佛光山的弟子們來到香港，那時候條件差，住得簡陋，星雲大師記得，第一天住下來，睡房打開窗戶，把手伸出去，可以和公共汽車的人握手問好。經過了五、六十年，香港諸大法師的努力，辦老人院、辦醫院、辦學校、弘揚佛法，香港佛教界對社會貢獻很大。星雲大師在香港弘法、布教，也從最初的一個小寺院，發展到何文田梁顯利活動中心，然後到沙田大會堂、到紅磡體育館；道場也從一個小佛香精舍到佛香講堂，直到現在的佛光道場了。

香港高樓林立，有人告訴星雲大師，香港佛光道場所在大樓，有很多知名公司，影星劉德華的公司也在這裡，增輝不少。星雲大師說，其實最了不起的，還是佛祖住在這一棟大樓裡。「因為佛祖住在這裡面，讓這一棟大樓以後成為人生的加油站。香港人外出都坐車子，汽車要加油，人生道路很長遠，有時候在道路上走得疲倦了，也需要人鼓勵、也需人安慰、也需要『加油』，這個道場供給走路疲倦的人，可以到這來加油之後，走更長遠的路。」

星雲大師認為，香港的各種教育很發達，大學、中學、職業學校、各種訓練班都很豐富，那都是學習世間上物質的生活、藝術的生活，但是內心的教育、精神的教育，就需要另外一方面的教育，這個香港佛光道場可以輔助香港在精神、道德、內心教育上的不足。佛光山、佛光道場，以傳揚人間佛教，成為香港人生活的又一精神家園。

星雲大師出生在中國江蘇揚州一個窮苦的家庭。他說：「七十年前，我有機會很幸福的在南京（棲霞山）出家，後來又在宜興做過短期的小學校長；六十年前就到了台灣。」自小讀書時，星雲大師就覺得佛教要「藝文化」，那時，星雲大師遍讀古今中外的古典巨著，但對於佛經艱澀的文言文，看不懂。星雲大師那時就認為，佛教要通俗化、要大眾化。星雲大師說，佛教誕生在印度，光大在中國。但中國皇帝並不喜歡在社會上應用，還是喜歡佛教到深山裡去，慢慢變成出世的宗教。現在佛教徒自己覺醒，如果統統在山林裡，讓國家供養，那就放棄了自己救度眾生的責任，弘揚正義的責任。「我覺得宗教應該很單純很簡單，不應該複雜化，變得玄奇、玄妙，佛在哪裡？就在我心裡。」佛教要回歸人間。

二〇〇六年十二月七日星雲大師在紅磡香港體育館佛學講座，
講題「人間佛教的『戒』『定』『慧』學」

什麼是人間佛教？星雲大師簡單定義為：佛說的、人要的、淨化的、善美的，是對人生有改善、有發展、有昇華、有增加的，那就是人間佛教了。星雲大師說：「佛陀出生在人間，他有父親、有母親，有他出生的地方，有他的歷史，他沒有在天上住，也沒有到地獄裡住，有他個人的生活過程，當然就是人間佛教。」人要什麼？星雲大師解釋，人要平安、要幸福、要快樂、人要解脫、要自在。佛教就是人要的，是淨化了的，人要清淨，髒了不行，社會有時很骯髒，做壞事，佛教是淨化的，善美的，是講善、講美。

星雲大師講管理

佛光山規模大，法師、信眾多，但在生活、弘法方面井井有條，星雲大師的管理發揮了很大作用。星雲大師說他的管理思想就是「不管理，無為而治」，佛光山強調制度領導、唯法所依，大家有共識，共同認可，遵守制度。

揮筆春節墨寶，以為人類祈福，祝願世界和平。是星雲大師對新一年的美好祝福，是要將愛遍灑人間。每年的「四個字」充滿著星雲大師內心的感悟，而且每年都體現了這個時代的精神，反映了星雲大師慈悲為懷的心境：「慈悲喜捨遍法界，惜福結緣利人天，禪淨戒行平等忍，慚愧感恩大願心。」

送給二〇一八年的春聯一筆字是「忠義傳家」。狗年的祝福，以「忠義」來表達吉祥祝福極為傳神，發人深省。星雲大師曾說：「世間上最可貴的情操，就是忠義，忠於感情、忠於責任、忠於友誼、忠於領導等。對上要忠，對下要有義，人我關係的情義，天地之間的道義，社會人群的仁義，宇宙養我、育我的恩義；我明白忠義、感謝忠義、實踐忠義，忠義是為得度第一法。」

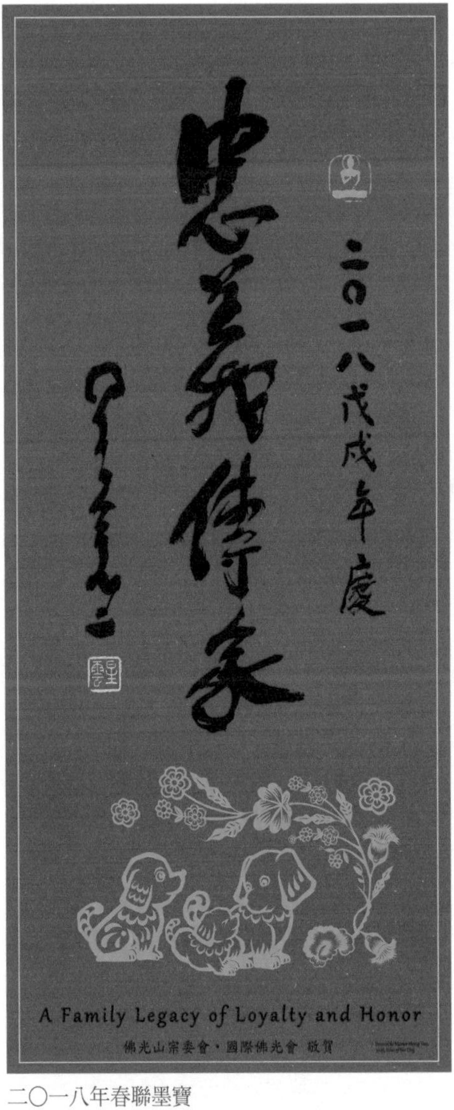
忠義傳家
二〇一八戊戌年慶
A Family Legacy of Loyalty and Honor
佛光山宗委會．國際佛光會 敬賀

二〇一八年春聯墨寶

星雲大師一生忠於國家、忠於朋友、忠於佛教，從來沒有一絲動搖；星雲大師一生有情有義，行義護義，無數眾生受其大愛恩澤。社會公認大師一生就是忠義的典範。只有社會有情有義，社會才能祥和，道德才能重整。

星雲大師猶如人生的教科書，他的一言一行，都會讓人受益匪淺。在過去的十多年中，有幸訪問星雲大師多次，每一次訪談都是一種人性的醒悟、人生的超越。

近年，星雲大師年事已高，很少再見大師接受媒體訪問。不過，大師的「聲音」依然通過媒介在傳播，激勵人生，給人奮進的力量。

記得最近一次採訪星雲大師是二〇一四年的九月。因為在不同場合與佛光山的法師們相處，看到佛光山法師、信眾都喜樂融融，生活、弘法井井有條。一個在世界各地有三百多處寺院或機構的佛教團體，在世界各處有成百上千萬信眾的宗教組織，凝聚力來自哪裡？星雲大師的管理思想又是什麼？帶著這個問題到高雄佛光山拜會了星雲大師。

大師聽說我想了解他的管理思想和管理奧祕，不經意中流露出「這不很重要」

的表情。在大師認為，佛光山大眾的歡喜、快樂、有序，不是因為有什麼管理，而是「佛光山的人靠的都是自覺、自我要求，是自己找到角色和地位，認識我應該怎麼樣。」

不過，星雲大師補充了一句：「自覺之後，有用沒有用，有大用或是小用，我不知道。總之，待人要好、待人要尊重，要有平等心，不能有你是高等，我是低等的心態。我們在一起都是平等，吃的平等、用的平等，不要有差距、不要有對立、不要有高低。但在倫理上，你是長老，你是有負責任的，我是擁護你的，這個要他自覺了解，不是我教他的。教他，他不一定服氣，是自己感覺到要這樣做，他就心甘情願了。」

問題是如何才能做到心甘情願？記得早年訪問星雲大師，他說，剛出家還是一個寺院掃地的小和尚，也會心有不甘，嘀咕：「為什麼只做掃地的活？」或許才開始都要有個過程，但星雲大師強調了精神，那就是：「要有信仰、信念。」對團體有信心，對未來有信心，對現實感到公平，對示範的人要敬重、要效法。因為大家都勤勞，也不講假期，也不要待遇，他自然感受到「無」、「沒

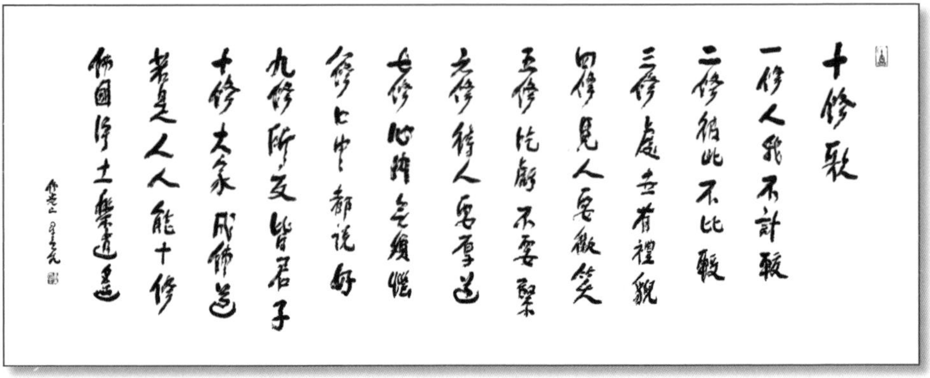
十修歌
一修人我不計較
二修彼此不比較
三修處事有禮貌
四修見人要微笑
五修吃虧不要緊
六修待人要厚道
七修心內無煩惱
八修口中都說好
九修所交皆君子
十修大家成佛道
若是人人能十修
佛國淨土樂逍遙
星雲大師〈十修歌〉

有」的日子很好過。

星雲大師講到，有很多朋友，在「沒有」的時候，大家都是好朋友，到了「有」的時候，就斤斤計較了。「我有〈十修歌〉：『一修人我不計較，二修彼此不比較，三修處事有禮貌，四修見人要微笑，五修吃虧不要緊，六修待人要厚道，七修心內無煩惱，八修口中多說好，九修所交皆君子，十修大家成佛道。若是人人能十修，佛國淨土樂逍遙。』你幫我去頌揚。」

說到這兒，星雲大師要一旁的容師父唱給我聽，為了信眾便於記熟，容師父說，可以用幾種曲調來唱，有山歌快板、有揚州調等。

問星雲大師，「您的這些思想又是如何形成的？」

早幾年，星雲大師的老母親上山來，大師年數也大了，可以說是兩個老人的對話。講到過去的家庭，說出各自的感受，大家都是真心相待，他說：「我們的家庭就是不比較、不計較。」

我脫口而出，「那個時候窮，也沒有什麼可以計較的吧？」

星雲大師立馬答道：「「窮」才好，我現在也要讓佛光山窮、弟子窮。這樣大家才懂得要奮發努力。過去講國富民窮，但我們的團體和個人要窮才好，把錢用於文化、教育、弘法。如果團體太膨脹了，不好，大家會爭著做「領導」。

容師父在一旁補充：我們常常用〈十修歌〉跟信徒解釋如何自我修練，比方不計較，心裡會舒服，人反而會自在，因為計較也不能得到多少。為了讓信眾用這十種方式自我修練，帶來平安幸福的人生，就叫他們要背起來，用唱的比較容易記得，可以讓他自己去領悟。

容師父表示：「師父講的管理是自我管理，自己管理自己。一般的管理是上面主管來約束、同事之間的約束，但這樣容易互相有矛盾。」

制度，才能真正起約束的作用；因為制度是大家遵守，不是針對某一人的。

佛光山強調制度領導、唯法所依，不是星雲大師訂出來的，而是大家有共識，共同認可的。

星雲大師強調，有一個重要的佛教用語：「發心」，指的是開發自己的心，開發慈悲心、開發好心、開發向上心。「發心很重要。」我在眾中，我是大眾中的一個，我不特別。我們這裡如果有哪一個要求特別的人，恐怕不容易生存，因為難與大眾融和。

我問：「如果一個人想要特權，要求特別，如何糾正他？」星雲大師回答：「他想要特權，想要特別，人就會不擁護他，因此他不敢，他一定要改變自己。我們這兒都要改變自己才能生存，不是要求他人改變，要改變自己跟大家一致。」

大師接著說：「這其中，信仰和信念起了重要的作用。一般在家人有所求、欲望多，要求放假、要求加薪……。佛光山的出家人沒有什麼欲望，他覺得我做事就好了，我愛人就好了，不提升自己的欲望，只發展他的工作，提升他的成就。有成就，就會有很多人來讚美，他覺得活得很自在、很歡喜。」無意中，星雲大師道出了他的管理思想。

在台北，經常有人搖著旗子，示威遊行，要求政府加薪。佛光山也有很多員工，星雲大師跟他們開玩笑：「你們也可以搞個旗幟搖搖，到朝山會館前要求加薪。」當然，星雲大師了解他們不會這樣做，只是說笑。果然員工們都回答：「我們不要，在這裡不需要加薪。」

「為什麼不要加薪呢？」

在佛光山，清晨出門，即使是一份掃地的工作，這裡許多師父們見到面，都會問候一聲：「老伯早！」在這裡，人格的尊嚴受到敬重，這不是金錢可以買到的。

所以，彼此尊重很重要，就是得益、就是互利。這種尊重是發心、是自覺。

「星雲大師的管理思想就是『不管理』？」

大師說：「對，就是不管理，無為而治。」

這種「無為而治」還體現在佛光山的民主管理中。宗教管理，歷來大多長老制，都是聽師父的，哪有民主？為什麼佛光山可以實行民主管理？

其實民主選舉在佛光山，已經實行很多年了，這也是很自然的過程，由星雲大師自己示範。早期，佛光山宗長的任期是六年一任，大師原本做了二任之後就要交棒，時值初開山，經大眾會議再做一任，做了三任之後，就退居二線。現在的宗長是四年一任，由民主選舉方式產生。

開山的星雲大師在佛光山數十年了，沒有一個人不希望他繼續在位，他說：「大家都不要我下台，要我繼續領導，但是我不能，制度是我訂的，民主是我提倡的，我不能不遵循，不這麼做就沒有制度了，所以照做。大家自我要求的民主，意義不一樣，自我要求就是民主的效果。民主不是我的，民主是共有的。」

佛光山民主制定的制度，大家都會自覺遵循。像在佛光山，出家人連剃頭的時間都是一致的，規定同一天削髮。如果哪一個人出來，頭髮和別人不一樣，他就會覺得彆扭了。

制度是受大家尊敬的，星雲大師說：「假如他們要改，也是可以改的，如果認為這制度不好，經過會議通過也就改了。會議是公眾決定的，共同決定要實行。他們也不會輕易改，要改，都是因為看到民意或情勢有需要，大家有共識。」

訪談到後來，星雲大師說：「佛光山的管理，我覺得不重要啦！佛光山的管理，就是佛教的管理，就是讓人歡喜快樂，我們這兒天天過年啊！心無城府，沒有嫉妒、貪欲、怨恨這些東西，所以很快樂。」

出家人的管理和在家人有很大的不同，現在的企業團體管理就是讓你做出效率，強調要賺錢，而佛光山的管理是要大家歡喜快樂，目標不一樣。「我們不要人家替我做出什麼成績、替我建多少廟、替我賺多少錢，我們不要這個。我們要規矩、要道德、要大家歡喜。」這是佛光山的管理追求。

星雲大師反覆強調：「我沒有什麼了不起，但佛教的管理了不起。我是以佛教的管理為本。」他要我把「六和僧團」記住、推廣，並一一加以解釋。

佛教稱出家人共住的團體為「六和僧團」。六和，是六項大眾共同遵守的原則，可以讓僧團安樂清淨、和諧無諍。是哪六項呢？

第一、身和同住：在行為上不侵犯人，是相處的和樂。僧團的大眾，沒有你住高樓，我住平房；你睡大床，我睡在地板的情形，都是平等共居，和合共住。吃的、用的，大家都平等的。一樣的衣服，沒有特殊。

第二、口和無諍：在言語上和諧無諍，是語言的親切。僧團大眾共同信佛、讚法、敬僧，必須做到語業清淨，彼此說話懇切，言語柔和，一切以理性為訴求。星雲大師說：「講話不能講敵對的、刺激的，要朝好處想、朝好處說。」

第三、意和同悅：在精神上志同道合，是心意的開展。大家依止在同一信仰的基礎上，因此心意共通共有，不會「幾家歡喜幾家愁」，是普遍平等的歡喜。最後大家就共同歡喜。

第四、戒和同修：在法制上人人平等，是法制的平等。僧團大眾受持戒法，進退有節，儀禮有據，上至住持大和尚，下至參學僧眾，一樣吃飯、一樣修持、一樣要威儀莊嚴，持戒守法。

第五、見和同解：在思想上建立共識，是思想的統一。在佛教裡，佛陀是領導中心；法是三法印、四聖諦、十二因緣等，為大家共同依止、理解；戒律是共同遵守的規約。思想見解一致，即共同成就的前提。

第六、利和同均：在經濟上均衡分配，是經濟的均衡。僧團大眾，不論是金錢或物資，乃至知識上，大家受用均等。

星雲大師提倡人間佛教，而這些守則在社會大眾、企業管理中同樣適用，企業團體以此管理，社會就和諧了。「胡錦濤用了『社會和諧』，我呢，則倡導『五和』。」

星雲大師對我說：佛門有謂「叢林以無事為興隆」，實際上要人和，才能無事。在僧團，平時以「六和敬」來維繫人事的和諧；對於社會大眾，我則提出「五和」的理念，即「自心和悅、家庭和順、人我和敬、社會和諧、世界和平」。

依星雲大師所提倡的「五和」，是從小擴大，先從自我做起，能自心和悅後，再慢慢擴大到家庭，就能家庭和順，進而擴及社會，在與人相處上，人我和敬，自然就能夠社會和諧，甚至逐漸達到世界和平的目標。從自己開始，我心裡很高興、很快樂，窮也沒關係，但我很快樂。大師說：「這將來可以寫一本書的。」

星雲大師在大陸有一個文化教育公益基金會，他有一個設想，要選拔青年「好苗子」，以此讓年輕人得到提升、成長。那次臨分別時，大師特別叮囑我，要開始準備投身到年輕人的教育培養中，我為此充滿熱血。

這幾年，無論是台灣，還是香港，年輕一代培養的重要性越來越受關注，回想星雲大師所言所行，他所關心的、他要做的、他急迫思考的，都是社會最關切的。

星雲大師的管理思想，其實，就是縱貫人生的思想，是人生哲學的道理。

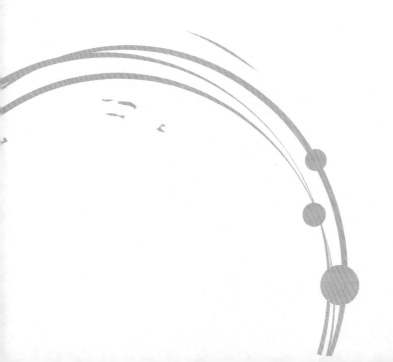

慈悲

星雲大師：
「慈悲」二字，
慈，是把快樂給人；
悲，是替人拔除痛苦。
你有痛苦，
我願意為你拔除，
願意帶給你快樂，
這就叫作慈悲。

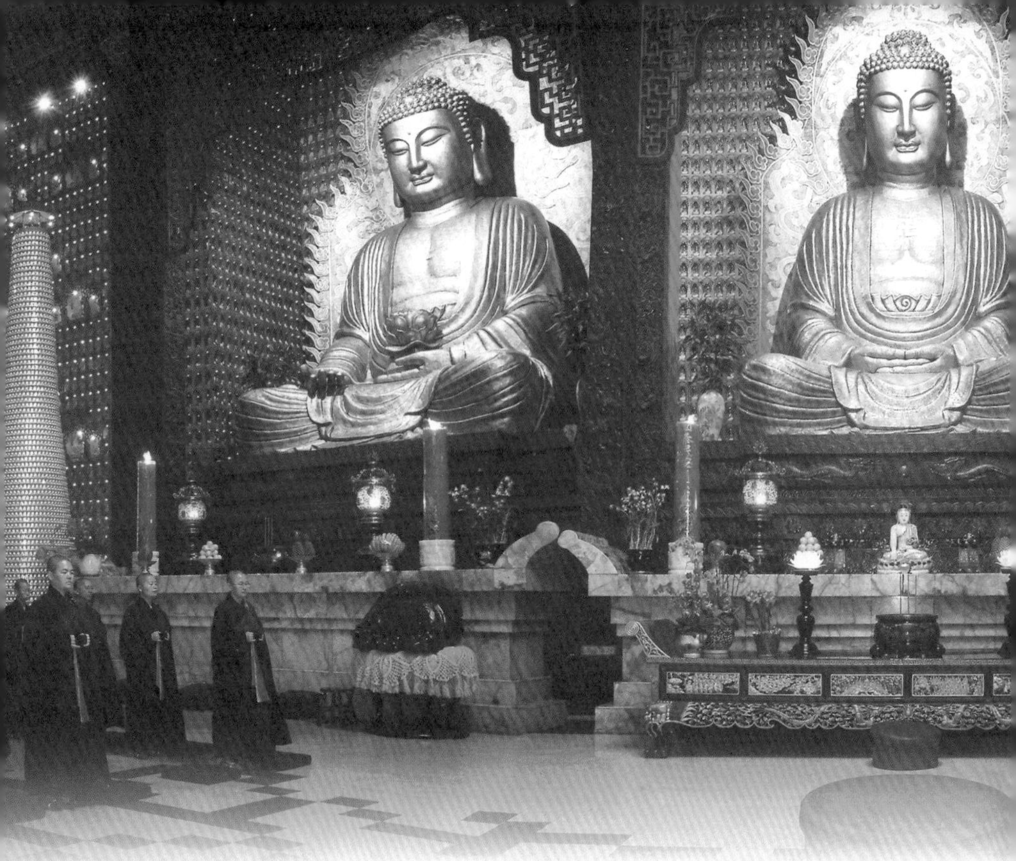

台灣佛光山大雄寶殿內三寶佛

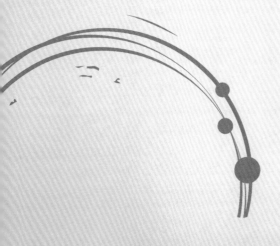

讓慈悲點燃心靈燈火

秉持弘揚佛法、普度眾生的理念，佛光山開山宗長星雲大師八十三歲高齡仍雲水行腳，遠赴美國、日本，回程又專程作客鳳凰衛視。讓我有幸聆聽星雲大師講慈悲。

二〇〇九年十一月三十日，星雲大師率領百多位信眾來到鳳凰衛視位於香港大埔的新總部大樓，與鳳凰衛視集團主席、行政總裁劉長樂就當下困擾人生的煩惱事，展開「生命智慧」的對話，探尋人間善和美，世事求包容的真諦，要讓慈悲點燃心靈的燈火。

我有幸現場聆聽對話，這是一場美妙的心靈感受之旅，無限享受。

在鎂光燈下，星雲大師風趣的稱「沒有緊張，只有享受」。據劉長樂介紹，鳳凰衛視和星雲大師的因緣始於二〇〇二年初，星雲大師以博大的胸懷和智慧，並親自到西安恭迎佛指舍利赴台供奉，持續三十七天，成為兩岸文化交流的空前盛事。鳳凰衛視派出著名主持曾瀞漪全程追蹤轉播。當年五月，來自台灣的

二〇〇九年十一月三十日星雲大師與劉長樂先生對談

鳳凰衛視主持人劉海若遭遇車禍，生命垂危。星雲大師親自為劉海若祈福並寫下「妙吉祥」三個字送往北京，懸掛在海若的床頭。星雲、鳳凰由此結下不解之緣。

「修好這顆心——人生智慧的達成與啓悟」。對話在劉長樂提出崇尚有人情味的管理方式開始。星雲大師即以「管理」是佛教不二法門響應。

星雲大師稱佛教管理是

中西方的折衷，進入寺院，一尊彌勒佛笑嘻嘻在前，滿懷慈愛；韋馱菩薩威武在後。慈愛攝受你，你做不到，只有用力量來折服，嚴厲的折服和慈悲的折服都需要！大師強調，菩提心是學佛人的根本，離開了，所有的佛法都沒有價值，「菩提心是以智慧來化解很多困擾，佛不一定要我們來拜祂，也不一定要我們來信祂，其實，信佛是信自己，拜佛是拜自己，菩提心是完成自己、完成自我，如果把菩提心的力量、勇敢、自信結合在一起，猶如真、善、美，人生就會完善。」

人間需要關愛，慈悲心、智慧力很重要。佛教裡有四大菩薩，觀世音菩薩、文殊菩薩、地藏王菩薩、普賢菩薩，分別代表修行的四大要素：「悲、智、願、行。」劉長樂表示，慈悲在前，星雲大師一直講，什麼都可以不要，必須留下慈悲心。「中國傳統文化強調利他和人間和諧，星雲大師強調人間佛教，在人間佛教傳授菩薩道完全被接受，任何宗教最後還是要落實到人間。」

大師是江蘇江都人，家境貧窮，大師出家後，一無所有，但他自認人間因緣不錯，「信徒、朋友給我幫忙，我感覺到我待人真心，我以真心待人，人也會以真心待我。這個世界上，人與物之間，菩薩精神、彼此迎送都需要，彼此慈悲，逢人幫忙，自己勞動服務跟菩薩一樣。」星雲大師告誡，不一定要成佛，現在就可以是菩薩，菩薩不是木頭供在那裡，是活的，你願意為人做件好事，提供服務，你就是菩薩，菩薩就是發心，發心給你一個笑容、敬意，我們都能成為菩薩。

很多人一生有眾多剪不斷的煩惱，星雲大師說：人到世界上應該是快樂的，為什麼要自尋煩惱呢？人的貪欲、人的仇恨、人的忌妒、人的猜疑都是煩惱的來源。總體上的煩惱離不開一個「我」字，我的、我要、我急、我想、我認為、我以為，煩惱就這樣來了。他比喻，人的身體像一個村莊，住了眼、耳、鼻、舌、身，這是五識。第六識是心臟，如村長，村長好，帶領眾人做善事，否則為非作歹。「佛教修行，要掌握住自己的心，要讓它昇華，給它豁達、清新、慈悲。慈悲心一定不能沒有，有慈悲心，就能做眼、耳、鼻、舌、身的模範。」大師指出，心是特別麻煩的，心如盜賊，心如猛獸，假如有智慧、慈悲、佛法，去點亮心靈的明燈。當然，「別人無法幫你點亮，一定要自己去點亮。」

《心經》中指五蘊皆空，星雲大師說：「我不空就苦，我空了就能度一切苦。每一個人都為了我，人不為我，世上少有，但有的時候要為人，有的時候要忘我。」喜歡講故事的星雲大師不忘講故事，歐洲足球賽，有觀眾入神看球，點燃的香菸燒了隔壁人的衣服，趕緊道歉，被燒者也入神看球，滅了火後說，不要緊，看球吧！想不到火沒滅盡，又燒著了一位女郎的頭髮，那位女郎也不計較，大家繼續看球。星雲大師說，這本來應該計較的，甚至要吵架的，為了看球而忘我，「忘我可以滅除一切苦，無我就更高深了，可度一切之苦。人人都有我，我們要把這種自我，用智慧、思想，用你我關係，用因緣去度量，去思考，減少苦的來源。」

星雲大師弘法，就是以人間佛教通俗易懂的方式，以故事傳授人生哲理，弘揚佛法。這些故事有的是佛教經典，有的是民間傳說，有的就是大師的親身經歷，提煉出智慧的結晶。劉長樂認為，星雲大師也是傳媒大師，他傳播佛法，斷去人間煩惱。

星雲大師有講不完的故事。佛經中講，有一個旅行者夜晚借宿土地廟，來了一個小鬼，背著一具屍體也想來休息，旅行者遇上鬼了，很恐慌。此時，又來了一個大鬼，指責小鬼搶了他的屍體。兩鬼因此吵架，看到旅行者，要他說句公道話。旅行者很勇敢，依看到的說「屍體是小鬼的」，大鬼發怒把旅行者的胳膊吃了，小鬼用屍體的手為他接上，就這樣，大鬼吃，小鬼接。吃完了，兩鬼呼嘯而去。星雲大師說，問題來了，留下的這個人到底是誰？

「我們領悟到，身體不是我的，身體之外有個我，如果我們能把身體之外的我找到，就不會痛苦了。」「五蘊皆空」，空不是沒有，看起來是四大皆空，其實是四大皆有，茶杯不空，怎能裝水呢？荷包裡面不空，你的錢放到哪裡呢？你的鼻孔、嘴巴、口腔、耳朵、腸胃要不空，你怎能活下去？空是存在，空才是有。「所以我們體會到空，空有不二。就是我和你都是一體的，不要有距離、不要有對峙，一切的痛苦是對峙而來的。人和人相處，視人如己，不要對立，就有存在，就能度一切痛苦。」

聽星雲大師講演是一種享受，他有哲理卻通俗，以故事開解禪意，讓人心領神會。

習馬會對兩岸很重要

二〇一四年初，我再次上山訪問星雲大師，作為拜會過中共三代領導人的台灣佛教宗師，星雲大師坦言，中國共產黨能把國家帶到這個程度是很大的功德。他期待兩岸領導人能儘快見面，彼此不要設限，不要糾結於稱呼，開放度寬一點，多一點機會。

農曆新年，佛光山開山宗長星雲大師為全球華人祈福。星雲大師說，在計劃要為二〇一四年寫一句新年祝賀詞時，很多朋友建議寫「馬到成功」，但他寫下「駿程萬里」來為朋友祈福，希望以馬的性格，祝大家像駿馬一樣快速進步。

二〇一三年二月，星雲大師受邀隨台灣訪問團前往北京。在人民大會堂與中共中央總書記習近平見面會上，他被推為民間三位發言者之首。星雲大師在接受訪問時透露，習近平在握手時說：「我看您的書」。星雲大師告訴習近平，兩岸交流在政經之外，可以在文化、教育上多加往來，之後還以一筆字「登高望遠」相贈。

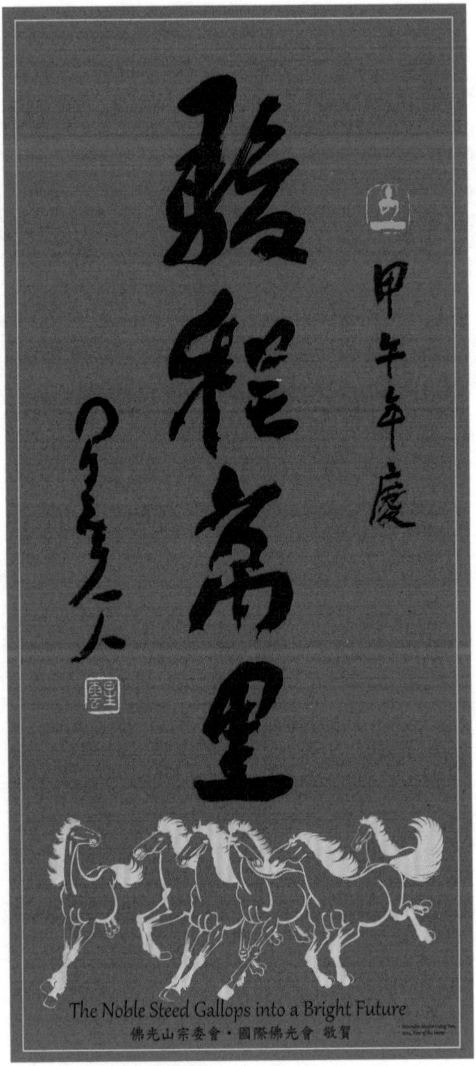
甲午年慶
The Noble Steed Gallops into a Bright Future
佛光山宗委會・國際佛光會 敬賀

二〇一四年春聯墨寶

二〇一三年二月二十五日大陸中共總書記習近平先生在北京人民大會堂會見星雲大師。握手時，習總書記對大師說：「我都看您的書。」（中新社盛佳鵬攝）

二〇一三年二月二十六日大陸國家主席胡錦濤先生在北京人民大會堂會見星雲大師。胡主席對大師說：「您對兩岸佛教貢獻很大。」（中新社盛佳鵬攝）

隔日，訪問團拜會了時任國家主席胡錦濤。不久，星雲大師又來到揚州，與前國家主席江澤民會面。有人說，星雲大師是少有能先後與中國幾代領導人見面、暢敘衷曲的出家人。星雲大師則說，其實，我心所願是希望兩岸的領導人都能多重視中華文化和佛教淨化人心的功用，讓佛教為國家社會人民帶來和諧與安樂。以下是當時訪問的主要內容：

習近平上任後整頓官場作風，您如何看？

習近平在整頓與反腐，別的勢力會不高興。如馬英九一樣，水清魚難養，都很辛苦不容易。大家要覺悟、自覺。每一個都要知道該如何做人，對國家和社會的責任。應該怎麼付出、怎麼服務、怎麼有益於人民。要有這樣的想法，不要自私、貪婪，這不會有好結果。

不少人曾提出佛教救中國，您覺得可行嗎？

我個人以佛教倡導和平。佛教自有歷史以來，正派的佛教沒有與政治去對立，大陸應該對正當的佛教要給予保護、給予方便。佛教現在都是給國家做善事，幫助社會，為人民撫慰心靈上的煩躁，安心立命。佛教的要求很簡單，建個寺院，有些信徒。

中國強大了，尊重是否很重要？

中國再也不會像過去一樣被人看作東亞病夫。這一點，我想大陸的貢獻更大。中國共產黨能把國家帶到這個程度是很大的功德。再進一步包容，把一些地區性的，或者不同意見的人士包容他們，大家就會真誠歸心到北京的領導。

如今，中國國民黨重登執政舞台，兩岸營造了和平氛圍，但兩岸和平統一卻一直難以突破，您認為主要原因在哪裡？

談判的人不想和平，這樣他們才有事情做，現在的障礙正是他們。大陸學生到台灣，觀光客到台灣，文化發展到台灣，這對大陸與台灣實現和平統一有貢獻。做多了，兩岸就融和了。應該說，民進黨刁難，不希望太多大陸人來台灣。但大陸方面無須要爭，多融和，用台灣的人、給台灣好處，日久就統一了。我還是那句話，愛就統一了。

兩岸領導人您都見了，有的還經常接觸，對他們有什麼評價？

現任的領導人都有所為，只是現在有障礙。中國五千年留下來舊有的不符中華文化道德的汙泥濁水在作怪，如佛教所講的貪瞋癡煩惱。要把這些慢慢消除了，大中華將更有光彩、更有作為。兩岸的幾代領導人我都見過，他們都有心把中國領導得更好，大家應該要配合他們。五千年來，中華文化很優秀，但醜陋部分，尤其戰爭、殘殺、專橫爭權，這要是能在未來從中華文化中消除，中國會成為世界第一國家。

中國國民黨重返執政，兩岸維持了較好的和平環境，還能做些什麼？

我每年去大陸好多次，大陸歡迎我。但我想，能否像古代，國家有分裂，但人不分裂。比如春秋戰國時期，諸侯國有好多，但這個國家的人可以跑到那個國家做宰相。現在大陸對台灣要更尊重，吸收一些台灣的菁英，這對大陸很重要的。不要怕台灣人，現在台灣基本上沒有軍隊，軍隊不打仗了。兩岸可以堂堂正正的來往，讓人民來去多一點自由，來來往往，誰來誰往，就像一家人了嘛！

二〇〇八年馬英九重返執政舞台，您公開支持他，現在還來往嗎？

馬英九現在都很友好，常常來佛光山。他是一個好人，但這個人太執著，領導人沒做好。

台灣民進黨是不是兩岸和平發展的最大障礙？

確實，台灣民進黨對大陸不是太友好，但大陸對民進黨可以好一點，他也會改變。你不對他好，就逼上梁山了。我常舉例子，巨人是中國大陸，台灣是小孩子，你有飛彈、航空母艦，台灣說我不怕，來吧。我覺得不要這樣嘛，大陸可以說：來，小朋友，給你個小紀念品，給一塊糖，帶你去玩，可以感化他們。

目前，台獨在台灣有生存空間嗎？

台灣經濟現在都靠大陸，都必然受大陸的影響，台獨不可能。民進黨他們自己也在討論是否要廢除台獨黨綱。兩岸尊重包容，友愛兄弟朋友，總之都是中國人。這不是嘴上說的，是真的。台灣、香港、澳門兩岸四地大中華團結，在世界上是很大力量。

您一直倡導兩岸要和諧，前景樂觀嗎？

大陸要建構，不是要革命，要以仁義道德造福社會，不要鬥爭。台灣也要這樣。台灣現在如果沒有民進黨與國民黨這兩黨對峙，台灣真是好地方。假如台灣再不和大陸對峙，台灣是更好的地方。

大家都在等待兩岸最高領導會面，您怎麼看？

我對馬習會，樂觀其成，對未來跨進了一步，要儘快見。不要設限，開放度寬一點，多一點機會。過去連戰、吳伯雄到大陸去，都很好。

有個名稱沒法解決，兩岸對用什麼名稱去見彼此很介意，您認為呢？

兩岸在名稱上計較，不必要。現在兩個領導人，統一了就是一個嘛。管他現在如何，不必否認它，存在是一個事實。當然也可以儘量避開敏感問題，黨對黨，人對人，都可以。不要自己找自己麻煩，簡單化一點好。

大師為我和許家屯牽線

多年前，佛光山開山宗長星雲大師在美國洛杉磯西來寺，收留了因「政治風波」問題受牽連出走美國的前新華社香港分社的社長許家屯。也因此，中國大陸當局多年禁止他回國，連安排人員去揚州為母親祝壽都被拒絕，更有人稱星雲大師為「政治和尚」，「反統戰了許家屯」。然而，不管別人說什麼，星雲大師還是強調他以慈悲、智慧和時間，平息一切恩怨，以慈悲化解敵意。

許家屯因在「政治事件」期間同情學生，支持前總書記趙紫陽而惹禍，一年後得知被調查後不得不出走美國，最初到洛杉磯由星雲大師收留在西來寺避難。而在這之前，星雲和許家屯也僅一面之緣。在許家屯最困難的時候，星雲大師伸出了援助的手。這段歷史塵封了二十年，真正的內情只有星雲大師和許家屯二人自己知道。

不過，星雲大師希望我可以記錄歷史，不能讓時間淹沒了真相。

那年冬天，許家屯感冒引起肺炎，要住院治療，後又不慎摔倒，傷了背脊骨

和肋骨。星雲大師得知遠在美國的許家屯先生跌了一跤，甚為擔心。有一天，星雲大師對我說，許先生年事已高，他是一個有故事的人，不能讓他的故事流失，你應該去訪問許先生。

我在香港，許先生住在美國，不知道如何可以聯絡上許家屯。其實，這些年，星雲大師也年事已高，很少長途旅行，已經多年未見許家屯了。經過一番周折，終於聯絡上許先生，他也很樂意與我交談，歡迎我去美國見面。

二〇〇八年五月，我踏上了去美國尋訪許家屯之路，美國回來以後再訪問了星雲大師。專訪了兩位當事人，獨家解密星雲大師與許家屯的這段因緣。也梳理了星雲大師與許家屯之間，完全因為慈悲，因為友情的故事。

一九八九年的三月，星雲大師應中國佛教協會會長趙樸初之邀赴大陸訪問，回程時已是四月初。胡耀邦去世了，大字報出現在天安門，廣場上也開始聚集起集會的群眾，北京學生民主運動的星星之火點燃。以後一個月內，學生絕食、遊行不斷升級。

當時，星雲大師正率領著弘法探親團赴大陸，這是他年輕時渡海到台灣以來，首次踏足闊別四十多年的故土。

訪問結束返台途經香港時，時任新華社香港分社社長許家屯安排宴請大師，這是兩人首次會面，由此結下緣分。

因為是江蘇老鄉，星雲大師出生在揚州，許家屯的老家是江蘇如皋，兩人特別投緣。一個特別大的圓桌，坐了有好幾十人，均是香港商界的頭面人物。

據許家屯回憶，兩人的第一次見面安排在香港灣仔華潤大廈宴請星雲大師。分管台灣工作的國家主席楊尚昆，特別請時任台辦主任楊思德打電話給許家屯，要求隆重接待。許家屯說，星雲大師在國民黨中德高望重，上層關係多，另外也知道他的佛光會遍及全球，在世界佛教界影響大，是重要的統戰對象，所以很高規格接待。「我們又是老鄉，兩人交談甚歡。」

回到台灣，出於禮節，星雲大師寫了一封感謝信給許家屯，除了感謝話，信中還提到，歡迎許家屯將來任何時候到美國西來寺作客。據悉，當時許家屯拿到信，在辦公室還對下屬開玩笑說：「你們看，統戰的信來了。」

事後有人向上頭打小報告，有關調查組追查，認為這就是星雲大師拉攏許家屯的信號。想不到，因緣際會，一封普通感謝信，卻在一年後真的變成了「陰謀」，變成了政治事件。

一九九〇年四月二十七日，身處澳洲的星雲大師接到老朋友陸鏗從美國打來電話，陸鏗告訴星雲大師，「許家屯到美國了，想借西來寺住幾天」。大師一口答應，因為那時許家屯尚未拿到美國簽證，不知何時可以到達。於是，星雲大師電話安排在美國的慈容法師和慈惠法師作準備，如果許家屯到了，先接待。星雲大師日夜兼程趕往美國洛杉磯的西來寺迎候。

許家屯是五月一日從香港起飛，先到達三藩市，由老報人陸鏗陪同許家屯一起到洛杉磯。美國時間五月一日下午三時，許家屯在媳婦金陸坦、孫女許梅的陪同下抵達洛杉磯，直奔西來寺。星雲大師已先他到達美國，與西來寺的慈莊、慈惠、慈容等法師一起歡迎許家屯。許家屯稱，此次來美國純係旅遊休息，並將對美國社會作一廣泛考察與研究。

星雲大師順其要求，安排許家屯和家人到西來寺旁的一幽靜地方安住。星雲大師向我表示，雖然知道許家屯此行為何，但「完全是本著佛門慈悲為懷的心，沒去想政治上的利害得失。」

其實，星雲大師的美國西來寺在許家屯之前還接待過一些因「政治風波」受牽連的民運人士，如千家駒、戈揚、吾爾開希等人。

當時，星雲大師接待大陸民運人士的情況盡在中共的掌握之中，有人向大師傳話，希望他不要收容出走的大陸民運人士。星雲大師認為：「我諒解他們的苦心！但這就是大陸和海外觀念最大不同的地方。」

星雲大師對我表示，西來寺是宗教的道場，是救苦救難的寺院，基於人道的立場，沒有理由摒人於門外。更何況佛教自古以來就有接納受難人的傳統。

許家屯出走美國的消息開始曝光，報章雜誌都在臆測他的行蹤和到美後的去向。西來寺就接到世界各地的報社、雜誌社打來的電話。記者紛紛找上門來，圍著西來寺轉，美國聯邦調查局也有電話到西來寺查問。其實，即使是西來寺的人，也很少有人知道許家屯的行蹤。

星雲大師透露，許家屯到美國後，他們讓許家屯一直與北京保持著聯絡，中共高層不斷遊說許家屯回國。楊尚昆在五月中旬一連三天在墨西哥訪問，還從專機打電話給許家屯，表示願意用專機接他回中國大陸。

五月十九日，中國駐美大使朱啟禎打電話給星雲大師，他早上與許家屯會面了，談了兩個多小時，臨走前想見星雲大師一面，大師陪他們在西來寺繞了一圈。送走朱啟禎，許家屯告訴星雲大師，朱啟禎大使都以「許老」稱之，很尊重，還是勸說他回國。許家屯說：「好不容易出來，怎麼能回去呢？那些人當道，危險呀！要置我於死地！」

為應對日夜不停追蹤「許家屯行蹤」的電話，星雲大師不能欺騙記者說「不知道」。於是，星雲大師和許家屯商量，召開記者會，跟大家說明並對許家屯的事發表談話。

許家屯當時提出了「四不」，包括：不背叛國家、不背叛共產主義、不和民運人士來往、不見記者等。星雲大師覺得這些都很好，他也向許家屯明確表示，並不希望他去台灣。

記者會是在五月二十日於西來寺召開，這天是星期日，但來了幾十家媒體，上百位記者，能讓新聞業界如此齊聚在一起，據說在美國加州還是第一次。星雲大師回憶，桌上的麥克風、答錄機擺得像電器行的專櫃。會開得很成功，許家屯宣布了「四不」，重點講這次是出來旅遊休息，還是要回去的。

記者會結束時，大部分記者離開了，有一家電視台正在收線。主持人突然問星雲大師：「你對李鵬怎麼看？」星雲大師當時嚇了一跳，心想，我不知道李鵬，我對他沒有看法，正想說「我不太了解」，陸鏗在一旁搶過話筒說「大師，我代你回答」，即刻就批評了李鵬。

記者會後星雲大師跟陸鏗說：「你怎麼這樣呢？我們從頭到尾都很和諧，希望可以給許家屯留條回去的後路，為什麼要講得這麼難聽。我接待他，臨時安頓，還是希望他回去。我也不是要參與政治。」陸鏗說：「唉！我就是那麼衝動。」星雲大師心知錯已鑄成。中國大陸因此在以後很長一段時間限制星雲大師與陸鏗前往大陸。

由於陸鏗一番話，星雲大師遭到北京方面封殺，有人幫星雲大師講話，指美國輿論自由，陸鏗有言論自由，星雲大師並沒有要讓他代表講話；但北京方面認為，星雲大師可以阻止。禁令由此下達，星雲大師上了不受歡迎的「名單」，回大陸探母也不被批准。

一九九一年四月一日是星雲大師的母親劉玉英九十歲生日，星雲大師曾與母親相約，會有弟子及信眾大約五百人專程去揚州同她祝壽。但到了這一年，大陸卻下令都不准進入。不僅限制星雲大師去大陸，其他人去也不批准。此時謠言四起，說這些人進去大陸是要去遊行，要超度「政治事件」中亡靈、去抗爭等。事實都是無風起浪，無根無據。

大陸方面對星雲大師很長時間態度強硬，幾乎不能化解。其間在一九九四和一九九六年由趙樸初擔保，由當時的全國政協主席李瑞環批准星雲大師回去探親。星雲大師本想借助探親和解，但當局只准探親，限定不能「亂跑」。

有很多的人出面為星雲大師說話，為他抱不平，台灣的政論家丁中江在見時任中共總書記江澤民時也都為星雲大師說話，他說星雲大師至少代表海外許許多多的信眾，拒絕星雲大師，就拒絕了這些人，還有人甚至為了此事與北京高層「吵架」。

星雲大師多次對這些朋友表示，拜託大家不要再講了，因為這樣反而會增加麻煩，以為大師動員了這麼多人來施加壓力。每次申請到大陸，一些弟子都批了，但星雲大師的申請都被退回不批，投訴也無門。

最終解開這個「結」，是因為西安法門寺的佛指舍利要渡海到台灣。有人進言交由星雲大師辦理，因為他支持中國大陸，也有能力辦。時任中共總書記江澤民點頭同意，批示「星雲牽頭，聯合迎請，共同供奉，絕對安全」，共十六個字。

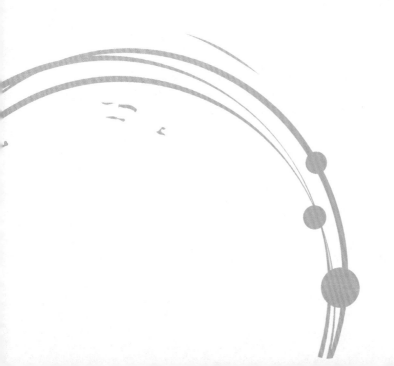

促成佛指舍利赴台

早在一九八九年，星雲大師率領弘法探親團首訪中國大陸，有機會應中國佛教協會前會長趙樸初之邀，到西安法門寺瞻仰佛指舍利，當下生念：這樣的法喜應該讓台灣民眾和佛教徒共用，並向趙樸初表達了心願。經過了十多年的溝通，因緣漸熟，兩岸終達成共識，以「十六」個字為最高原則，促成佛指舍利赴台。

二〇〇二年二月二十三日，海峽兩岸官民共襄盛舉，由專機承載釋迦牟尼佛的指骨舍利，由佛光山開山宗長、台灣佛教界恭迎佛指舍利委員會主任委員星雲大師，聯合台灣佛教界，親自恭迎護送到台灣。

據統計，佛指舍利在台灣安奉期間，去參加法會、頂禮瞻仰的，光是台灣人就有五百萬人次，加上世界各地前來的更超過八百萬人次。兩岸開啟的文化交流大門，融入了更加多元的因緣，星雲大師成為從不缺席的一員。

兩岸佛教界在廈門共同舉辦「為降伏非典國泰民安世界和平祈福法會」，

二〇〇六年四月星雲大師與大陸前總書記江澤民於上海會晤

星雲大師在諸位高僧大德中作為主賓；佛光山梵唄讚頌團作為台灣佛教團體首次正式與大陸進行音樂交流，星雲大師在上海大劇院致辭感謝，轟動兩岸佛教及文化界；二〇〇四年二月，海峽兩岸共同組成了「中華佛教音樂展演團」，公推星雲大師為名譽團長，在世界各地演出。以文化及宗教交流破冰，超越政治的兩岸佛教融和，給了星雲大師機會，讓他可以重新自由進出生養他的神州大地，傳播他的人間佛教理念。

之後，星雲大師第一次見中共前總書記江澤民時，江澤民伸出手在兩人

二〇〇二年三月二十六，從高雄小港機場至佛光山，五十萬人齊聚佛光山虔誠恭迎佛指舍利來山安奉

中間劃了一下說，過去就這樣子了，意思就過去了吧！以後，星雲大師又在上海與江澤民再次見面，交流了佛教的知識，江澤民還專程到星雲大師捐贈的揚州鑑真圖書館參觀並題字。江澤民有佛學知識，關心佛學。星雲大師說，很多時候，見一面，一切的誤解即化解。「與人為善、皆大歡喜、從善如流，要做到這些並不容易。」

星雲大師終於卸下了「黑名單」，可以一心兩岸宗教文化的交流，他捐贈一億人民幣建鑑真圖書館，開設「揚州講壇」，正在興建的宜興大覺寺成為全中國最漂亮的寺廟。星雲大師認為，兩岸要統一，佛教最有基礎，三通未通，佛教先通，兩岸未能統一，宗教先統一。其實現在也做到一些了。

在杭州召開第一次「世界佛教論壇」，會議討論第二次論壇的安排，設想開幕在無錫，然後部分場次也能在台灣舉行。但當時情況幾乎不可能，那時是陳水扁政府主政時期。

二〇〇八年，台灣選舉前，看出馬英九能勝選。星雲大師說，他不怕擔當，只要對國家民族有利，就一定要做。於是和國民黨主席吳伯雄說起跟大陸合辦「世界佛教論壇」的事，吳伯雄講了二個字：「對等」。星雲大師心想：「糟糕，難度大了。」

正值台灣海基會會長蕭萬長四月去海南參加「博鰲論壇」，有機會見中共胡錦濤總書記，星雲大師託他去詢問一下。蕭萬長從海南打電話告訴星雲大師，胡錦濤說：「可！」星雲大師半信半疑。五月到大陸訪問，政協主席賈慶林也對他說：「歡迎對等。」

於是就有了第二屆「世界佛教論壇」在台灣閉幕。台灣團結一致，同行彼此尊重，五百個寺院共同簽字參加。星雲大師安排下做到對等：你那邊主辦，我也主辦；你開幕我閉幕；你講話支持，我也支持；位子排排坐。星雲大師更萌生想法，兩岸佛教統一，應該共同建立統一的聯合佛教協會，雖然這還有很多障礙，但卻是必須的。

去大陸弘揚佛法，除了傳承中華文化、拯救心靈以外別無他求，這是星雲大師一直的夢，卻因收留了許家屯而推遲了整整十年。不過，星雲大師卻說，世界上的事情，得失很難講，「我每次在香港紅磡體育館弘法，每次都有盛況，二十年來不衰，我想這和許家屯有關，香港人對許家屯的因緣感情集聚到我這兒來了。」

二○○六年四月，首屆「世界佛教論壇」在杭州人民大會堂召開，來自全世界一千二百餘位高僧大德海會雲集。星雲大師於會中發表「如何建設和諧社會」主題演說

二○○九年三月，第二屆「世界佛教論壇」在無錫靈山梵宮舉行開幕典禮，閉幕典禮則在台北小巨蛋體育館舉行，由國際佛光會中華總會承辦，有來自各國代表和三萬名信眾參與。世界佛教論壇能夠分別在兩岸開幕、閉幕，象徵著兩岸同胞如兄如弟，對促進兩岸的來往、發展有很大的貢獻

拜金不如拜佛　成功是觀自在

二〇一四年五月，我在台灣高雄佛光山參加了一場別開生面的「對話」。經我聯絡，浙江、香港、台灣的部分企業家，來到佛光山佛陀紀念館，與開山宗長星雲大師文化對話。就企業家在企業經營、日常生活、人際關係遇到的問題；就企業家應該具有對生命、生活的價值觀；就兩岸企業交流、交往等問題，由星雲大師一一開示。遠離職場節奏，沒有大城市的喧囂，沉浸在宏偉的大雄寶殿、莊嚴大佛和滿目青山綠蔭、潺潺流水之中，企業家們得到安寧和思索，星雲大師的智慧開示，成為企業家們美味的心靈雞湯。

「人間星雲・慈航指引——讓我們走近星雲」的交流會，由人間文教基金會、浙江民營企業家發展聯合會、香港世界華商發展聯合會、台灣工商協進會舉辦，以播放《人間星雲》的短片開場。這部八分鐘的短片由浙江民企發展聯合會會長鄭宇民一手策劃、撰寫解說詞、選擇場景。

短片從天上的星雲闡述到人間的星雲大師。兩種「星雲」同樣帶給人間帶來美好生活，亦帶來生命除吃喝玩樂以外的意義，這是浙江民營企業家對星雲大師的一份濃濃的敬意。鄭宇民表示，企業家們需要修行，需要得到心靈的歷練，但遠不具備可以與大師「對話」的條件，勉強說是「交流」。表達浙江企業家的謙和好學及對星雲大師的由衷敬重。

浙江是中國民營企業發展的搖籃，如今浙商早已茁壯成長，不少更走出國門、揚威全球。據悉，浙江目前有三百六十多萬商家遍布全國各地；百多萬遍及世界各地的浙商，成為當地經濟強有力的驅動引擎。

不過，已然青壯年的浙商，仍面對發展中的眾多困惑，面對著不斷要堅強承擔的心靈壓力，他們有錢了並不感到幸福，家大業大並不覺得快樂，這是普遍的煩惱。帶著改革開放後民營企業崛起中存在的「身分焦慮、環境焦慮、前景焦慮、人際焦慮和傳承焦慮」等五大問題，民營企業家上山向星雲大師提出一系列的討教，盼解開焦慮之道。

作為人間佛教的實踐者，星雲大師不以深奧的佛教理論作答，而是深入淺出以入世觀念宣導人間佛教。星雲大師說：「焦慮的心，別人無法幫，自己要先建立思想，比如信仰，有信仰才會正確認識生命的價值。」

整天忙不停的老板在這裡沒有電話干擾，沒有下屬彙報工作的急迫，在佛光山的二天時間，企業家學禪修、學抄經、聆聽開示。忙碌的他們在佛光山得到片刻安靜，可以讓生活靜一靜，用生命想一想，讓焦慮的心得到一刻的放下。其實，中國經濟高速發展，企業家們的步伐越走越快，在快節奏中往往就迷失了自己。佛光山讓企業家們以心靈之旅淨化心靈，星雲大師為企業家心靈導航。

短短幾天的「修行」，企業家起碼知道，端著一碗水，如果不停的搖晃，水面無法清晰映照；當碗放平，讓水靜下來，可以清晰映照一切。生活的道理同樣如此，人生在平靜下、在放下中，更能看清楚應該選擇的方向。

中國國家主席習近平在中法建交五十週年紀念大會講話時談到佛教，他稱佛教產生於古代印度，但傳入中國後，經過長期演化，佛教同中國儒家文化和道家文化融和發展，最終形成具有中國特色的佛教文化，給中國人的宗教信仰、哲學觀念、文學藝術、禮儀習俗等留下了深刻影響。佛教，可以讓焦慮中的企業家找到安寧，讓迷茫中的企業領路人找到燈塔；可以是心靈解疑的鑰匙；可以是心靈疲憊的補充劑。

拜金不如拜佛，面對經濟發展後的拜金盛行，星雲大師指出，拜佛是自己發心、自己平安、自己快樂，平安比金錢更重要。「我沒有薪水，也不化緣，只

二〇一四年五月二十六日來自兩岸一百三十一名企業家，前來佛光山佛陀紀念館參與「人間星雲 ・ 慈航指引——讓我們走近星雲」活動，向星雲大師請益兩岸企業界來往新契機，以及第二代的傳承等議題。

是寫字、寫文章賺點稿費，有了錢就服務大家。十方來，十方去，人若一直把金錢握在手裡，這是畸形，當用則用，當不用則不用，要學會中道。」大師的開示，句句點醒眾人。

星雲大師最後給大家一句話：「成功在於觀自在。」大師解說，這就是說我的心看人很自在；觀事自在，我看一切事很自在；觀境自在，我對一切境界都很自在。所以，我們的心能夠安住在自在中。

當中國進入深化改革，企業走向升級換代，企業家的修練、提升至關重要。在起伏無常的生活裡，企業家在煩雜中需要安寧，需要心靈的旅行。

聽星雲說更要懂大師心

星雲大師之所以被稱為大師，是因為星雲大師有涵養，富哲理，他經常以自己的學識給大眾講道理，用文字書寫讓讀者明事理。但很多時候，有些信眾以自己的感覺去理解大師的意思，往往並不準確，所以我以自己感悟撰寫了一篇心得。

因為有了微信，交往和溝通就方便了很多。每天都能通過微信公眾平台收到「星雲對你說」。以一位老人家，一個精神領袖以其學識、修養、人生經歷告訴眾生做人的道理，讓你受益匪淺。

最近看了一篇文章，星雲大師特地對眾人說「聽話的藝術」。聽話還要講藝術？看來有點新奇，實質大有道理。星雲大師告誡：除了這許多不會聽、不肯聽、不懂聽的人之外，還有一些偏聽、誤聽、諛聽、錯聽，因而造成許多是非、謠言，也是不勝枚舉。在結尾時，大師說，佛陀時代，有一個弟子將「生滅法」聽「水潦鶴」，不但荒謬可笑，甚至險些誤了自己追求真理之道。聽話的藝術，

豈能不慎！

星雲大師所言，類似的情況在生活中我們也經常遇到，聽話不慎，理解不深，往往造成混亂。包括星雲大師也有同樣的遭遇。大師以人間佛教的語言表達對現世社會的期望和看法，都被政治曲解甚至在島內外引發軒然大波。

不久前，在鳳凰衛視時事辯論會節目中，辯論國民黨大選臨陣換柱會否亡黨？對手舉星雲大師的文章指出，星雲大師都說，國民黨換柱會亡黨！但他忽略了星雲大師完整的說法是「國民黨換柱可能會亡黨。」我認為，有「可能」和沒有「可能」這兩個字，意思完全不一樣。如果斷章取意去掉「可能」，那變成換柱和亡黨有邏輯關係，換柱等於亡黨。

但有「可能」這兩個字，意思就完全不一樣：換柱可能亡黨，也可能不亡黨。星雲大師是希望國民黨換柱過程要合理合法，國民黨內部對人要合情合意。理性的、與人為善的、共同協商的，才在危難之際不至於對國民黨有大傷害。星雲大師是以一個國民黨黨員諍諍告誡，更以一個出家人的寬大為懷，希望社會尊重、包容以推動和諧美好。但不少人是以自己的政治立場來詮釋大師的講話，不懂聽話的藝術，往往曲解別人的真實意思。

星雲大師所言，一諾千金，理解星雲大師的心思不能僅站在自己的立場去詮釋，以自己的立場去解讀大師的寓意。比如，即使我們都有信仰，但政治信仰和宗教信仰就完全不一樣。佛教是一元世界，從善意出發，看什麼都是善的；政治是二元對立，看出去，立場不同就是敵手。如果聽話不講藝術，誤會、敵意就會由此而起。

古語云：「聽話聽聲，鑼鼓聽音，如何聽聲。」怎麼聽音不僅是一門藝術，還是人生的學問。站在星雲大師的立場，從宗教與人為善的思考出發，準確、正面理解看待星雲大師所講所言，世界才會是美好的！

269 慈悲

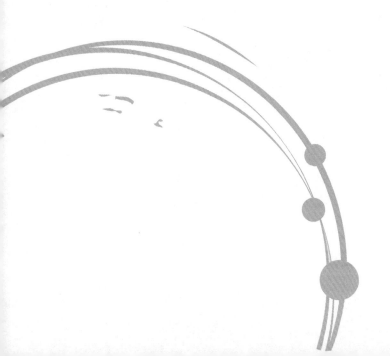

圓滿

星雲大師：
二〇一六年就是佛光山開山五十週年了。
起初的四十年是建佛光山，
是為僧寶教團；
後來花了近十年建佛陀紀念館，
是為佛寶的教團；
近期完成的藏經樓，
是為法寶的聖地，
由「佛光大道」貫穿了
佛、法、僧三寶的佛光山本山教團。

佛光山全景圖（三寶山）：佛光山寺（左）、藏經樓（中）、佛陀紀念館（右）

「藏經樓」依山而起

因為要出書，相約佛光山香海文化執行長妙蘊法師在佛光山見面。那天正是佛陀紀念館休館之日，妙蘊法師全力為我聯絡去佛光山「藏經樓」參訪，開了一次「方便門」。

偌大佛館因為假日無人，除了鳥鳴微風別無聲響，顯得清靜。進佛陀紀念館，沿斜坡往上去，曲徑通幽處。這條路很熟悉，只不過當初還是泥地，現在已是寬敞、整潔的柏油路。

二〇一五年九月，應如常法師之邀，到佛光山採訪，後來完成〈雲水書車——行動圖書館〉一文。在山上的那天一早，接到法師通知，星雲大師要去興建中的「藏經閣」查看工程進展情況。大家趕緊跟著法師們來到工地，只見山坡地上，鷹架、剛見雛形的房屋遍布，星雲大師和一眾賓客已經到達。

坐在輪椅上，星雲大師在聽法師介紹工程進展情況。高雄九月還是烈日當空，沒有完整的建築，根本就沒有庇蔭處，有同行者拿出傘來，為星雲大師遮陽。

星雲大師視察藏經樓工程

一個大工地，根本還看不出星雲大師的宏偉版圖，要蓋什麼建築。聽法師們說，修建中的是「藏經樓」，想當然的認為，也就是一處擺放經文的建築。

三年後，如今再上佛光山，「曲徑通幽處，禪房花木深」。來到已經建成的「藏經樓」，豁然開朗。面對大海，站在山的高處向東眺望高屏溪流水緩延，聽風聲看波濤，視野遼闊一覽無遺，令人心曠神怡。

菩提樹錯落有致。從平台「法

藏經樓外觀

寶廣場」拾級而上，靈山勝境半浮雕造壁氣勢宏現；來到第二平台，走過「慈悲門、般若門、菩提門」，慈悲心與般若智慧，發菩提心廣度眾生；再上第三平台，大師命名為「時教廣場」，牌樓上題寫「如來一代時教」。仰首往高望，映入眼簾的是藏經樓正殿「主殿」，大師親題對聯「建寺安僧傳道五洲猶似蓮華不著水，雲遊世界緣結十方亦如日月住虛空」，不禁觸動人心，大師以無為有的胸懷氣度全在此對聯彰顯。

欣逢佛光山開山五十週年紀念之時，在開山宗長星雲大師的心願及努力下，位於佛光大道的藏經樓竣工。代表「僧寶」的佛光山教團、「法寶」的藏經樓與「佛寶」的佛陀紀念館，由佛光大道串連起來，整個佛光山是「佛、法、僧」三寶具足。佛如光、法如水、僧如田，祈願每位來訪者，皆能獲得法水的滋潤，智慧如海。

一九六七年五月十六日，星雲大師開創了佛光山，迄今走過五十年歲月。具足僧眾修持的「僧寶」總本山、供奉佛牙舍利的「佛寶」佛陀紀念館，和研究教義培養人才的「法寶」藏經樓，圓滿「佛法僧」的三寶山。

原來，一直以來，星雲大師心中自有構建佛光寶山的宏偉目標，一張充滿喜樂的藍圖已在佛光山鋪開美麗的「三寶」畫卷，展示在眼前。

此時，堂主覺元法師迎面而來，法師破例為我們開館，並親自接待導覽，介紹星雲大師建築藏經樓緣起及功能，以及書寫一筆字的堅毅精神。覺元法師表示，大師之所以把藏經樓定位為法，不是因為有了建築之後才有定位，早在少年時期就已經做了整個佛教的藍圖，以及佛光山第一個五十年要做的事。其中「以文化弘揚佛法、以教育培養人才」即是整合文化力量、統整教育資源，落

藏經樓宗祖殿

實團結一致、集體創作，結合每位佛子的力量，成就續佛慧命、光大佛教的理念宗旨。因此藏經樓作為一個統合的節點，有培養人才的使命。

星雲大師一生倡導人間佛教，努力弘揚讓眾生聽得懂的佛法，寫大家看得懂的佛書。人生最簡單的道理就是，看得懂才能進入生命，成為生命的資糧。星雲大師一生努力做太多的事，全世界有無數的信眾、有數千位弟子、有三百多個道場、有好多個出版社、有電視台和報社、在全世界有五個大學，著作無數。卻只為「徜徉人間佛教，希望佛教在人間是受用的」。

藏經樓正殿格局寬廣，兩側大理石牆雕刻著星雲大師一筆字墨寶，有經典名句、人間佛教語錄、佛光山四大宗旨、佛光四句偈、古德法語等，融和入世與出世的智慧。我們可從大師的字去看大師的心、大師珍貴的法寶，體會大師不忍眾生苦的悲心願力。正方中央壁上刻著大師手書《般若波羅蜜多心經》，仰望藻井為佛教建築平棋藝術，透過燈光投射，暖色氛圍讓人安定祥和，藻井底部之蓮花圖騰，採唐式風格，象徵正法永存，佛光普照。正殿未來將作為佛光山傳法壇場，二樓珍藏佛教三藏十二部經，無上甚深法寶，故名為藏經樓。

不是展場而是學習的殿堂

藏經樓大門兩側，左右兩邊有一副大師書寫的對聯：「建寺安僧傳道五洲猶似蓮華不著水，雲遊世界緣結十方亦如日月住虛空。」格外醒目。

上聯蓮華不著水，為何不是蓮花？覺元法師解釋道，蓮華的「華」通蓮花的「花」，這是指《妙法蓮華經》，用蓮華來比喻法的妙不可言。法可以全然為人所接受，比如從蓮花到蓮子、蓮藕，全株都可以為人所食用，也就是佛法可以全體被善用，然後人生可以過得更不一樣。「它代表蓮花甚至於奉獻給一切眾生的意思，蓮華的『不著水』意指於大師無我度生的超然。」

經法師解釋，豁然開朗，這就是大師弘法度眾的胸懷。覺元法師說：「片葉不沾身也功成不居啊！就算周遊世界，緣結十方，他的心和日月、星空是結合在一起的，那種寬廣，這就是大師的胸懷。」

藏經樓的樓上，收藏的經本有五十二種版本，十四個國家的語言，有漢語系、藏語系和巴利語系。最早到隋朝的房山石經，南宋的磧砂藏、明代的嘉興大藏星雲大師親題對聯：
「建寺安僧傳道五洲猶似蓮華不著水，雲遊世界緣結十方亦如日月住虛空。」

經和乾隆大藏經和越南大藏經、西藏大藏經和貝葉經等，都收藏在這裡，那是大師早期版稅或者是稿費所得。弟子們四處去找回來，珍藏在此。是大師營造閱讀、學習經文的另外一個世界。

藏經樓正殿「主殿」，正殿格局寬廣。走進「主殿」，兩旁是星雲大師專門書寫的一筆字，左右邊加上中間抄寫的《心經》共五十二幅。大師的一筆字不是簡單的書法而是佛法，給信眾的啟示不僅是文字的力量更是生命的力量。這些字都是大師晚年因身體因素而致雙眼幾乎看不見的情況下書寫的，每一字每一筆，透露的不單單是剛勁有力的筆觸，更是一種韻律，是濃濃重墨下的人生意義。

「走進這個地方促使我們不得不理解每個字背後的生命內涵，那這就是法的珍貴，透過思想改變我們不同的思維模式，那是佛的力量。一進來就是讓我們能夠讀懂佛法。」覺元法師給我開示。美國西來大學，新任張錫峰校長說，充滿佛學思想的這五十二幅字，就是現代的菩薩五十二階位，體現佛學一階階往上的層次和目的。

這五十二幅字都深深刻在大理石上，這是大師內心的期望，希望這裡的人道心要堅固，心意要堅強得像石頭一樣。

大師曾經跟惠師父說，過去的不肖子弟都會變賣家產，現在我刻在石頭上就沒人能搬得走啦！這就是告訴大眾：「佛教不是用來販賣的，不可以去販賣佛法，佛法是要傳揚和流通的。」這番話讓我想到，所謂的法水長流就是這個意思吧！

深深刻入石頭上的一筆字都是一比一的比例，一個「禪」字差不多一個人的高度。弟子們把紙鋪在桌子上，已屆高齡的星雲大師站立著，由弟子們頂著他的腰部，一而再，再而三的試寫，才能完成。然後直接雕刻在石頭上，成為牆面。

星雲大師對統籌雕刻的如常法師說，我眼睛看不見，你們要當我的眼睛，或許現在看字很大，放上去比例會縮小。「那可是千年萬代的大事情，你們一定要愛護我的羽毛，寫得不好就告訴我，我重寫。」星雲大師就是這麼嚴謹，做事一絲不苟。這樣反反覆覆，一遍又一遍，直至大家都滿意的書寫完了這五十二幅字，這何嘗不是一種修行淬鍊後所體現的涵養？

審度這些一筆字，從藝術的角度自然無與倫比，不過，星雲大師更有他哲學和佛學的角度。

走進「主殿」，右側高牆開始的幾個大字是：「給人信心」、「給人希望」、「給人歡喜」、「給人方便」、「不忘初心」、「以忍為力」。

覺元法師為我們講解：走進來的每個人首先學習「給」，這就是佛教的四無量心，亦即佛教四種廣大的利他心。即為令無量眾生離苦得樂而起的慈、悲、喜、捨四種心。

給人信心就是慈悲的慈，慈無量心；給人希望就是悲無量心；給人歡喜就是喜無量心；給人方便就是捨無量心。「給」其實是普世的價值，父母給兒女愛；師長給學生傳道授業解惑；佛教的菩薩給眾生慈悲和智慧。聽覺元法師講解就是一種開導：要先學習「給」，越給越富有。

很多人問星雲大師，這個佛光山成其大，您的治理之道是什麼？您的管理學是什麼？大師回答說，佛光山成其大，不二法門就是給，它是給出來的，各地方需要，所以建設道場；認為淨化人心的文字思想應該要走進每一戶家庭，但法師有限，所以辦報，把報紙送到每一個家庭，度了眾生。即便報社賣一份是賠一份，可是這種燒錢的工作還是要做，為什麼？目的就是要「給」！

佛光山這麼大就是「給」出來的，所以希望每一個人先學習「給」，給了之後要學習《華嚴經》的「不忘初心」，因為要我們能持續的發長遠心，不是說要做就能夠如你所願，做了之後可能會不如意或者是不如期待，甚至受到逆境對待，那你要永遠回到你最初的真心，這個初心也叫作「清淨心」，是為了一個理想、為了一個目標、為了達到促進人類真善美更高的境界，因此不求回報的、不盡的、不懈的給，那是不忘初心所內涵的「清淨心」。

再來就要有心理準備，叫做「以忍為力」。大師說，「忍」為什麼可以成為一種力量，如果到了忍無可忍那不是力量，他認為的這個力是生命的願力，那麼那個忍就不是忍無可忍的忍。那個忍就是「我明白了」，我明白了這一切的因緣來去、我明白了成功需要時間、我明白了要讓人了解需要多少的千辛萬苦、我明白我做了人家還是會不明白，還是會有毀謗中傷。只要做對的事情義無反顧，「我明白了」那會成為一股生命的力量，所以那個忍是「明白」，明白因緣、明白因果來去，一旦明白之後就會等待就會承擔，然後負責並且堅持，最後成為力量，所以完成了四給、不忘初心、以忍為力，才叫行佛，我們念佛拜佛求佛實際上最後要去實踐佛之所行。

覺元法師娓娓道來，一字一句解釋。僅僅是「給」開始，這一個字、一句話，覺元法師就演繹出大師一整套的深刻思想，直到教你如何成就佛道。即使法師隨緣跟你講解，都是給你最好的人生一課。其實，星雲大師的每一幅字，都是佛學的人生教育，一輩子受用。大師用一生留下這些道理述說給我們聽，可能窮盡一生都學不完，而且還要實踐。

覺元法師說星雲大師的每一句話都是一堂課，起碼都可以講兩個小時。我對覺元法師說：「我想這只有你們弟子可以講，把我的心靈打開了，會想到很多你原來沒想到的那些想像，所以非得來這裡三天兩夜不可，要來這邊好好體會才行。以前我們到這裡，在佛光山來來去去好像就是欣賞那些小橋流水，空氣新鮮，動物活躍，就是自然的風光，現在由佛陀紀念館再到這裡，大師再一次給我們這把打開心靈的鑰匙，讓你可以把心靜下來。」

偌大「主殿」的石刻一筆字，在左右兩面牆排列整齊，猶如課堂黑板上寫下的作業。這裡不是展場，而是教室，是人生學習的殿堂。

大手筆大智慧

為體現莊重、嚴肅，藏經樓整體建築以唐朝風格為主，顏色採木頭原色，回歸到古樸簡約，讓每一個人都能感受到法的平等尊貴、平易近人。

這座建在佛光山旁山坡地最高處的藏經樓，其地基顯示出不規則狀，要取得中央方位不容易。負責該項目的佛光山淨土文教基金會執行長慧知法師，最初設計了一個圓形的建築，體現他的構思是圓形無須方位。不過，這看似完美的想法，仍得不到眾人支持。

星雲大師說：「不一定要有東西南北，但要讓大眾能接受。」讓大眾接受，正是體驗了人間佛教的思想，不拘泥於傳統的繁文縟節，而要以惠及普羅大眾為先。

於是，星雲大師親臨現場勘查地形，尋找更接近大眾能接受的方案。每隔幾天大師就出現在工地，由於是侍者開車載著他上山，經過彎彎曲曲的山路，加上大師視力模糊，實在很難判斷方位。

第一次，當大師從法堂出來後，就開始記方位，上了山坐輪椅，沿路就一直問慧知法師：「我現在面向哪？現在是哪個方位？」身旁弟子很仔細的向大師報告，您左邊是佛館，右邊是荔枝園……。可以說星雲大師不是在觀方向，而是靠聽來辨別地形。

星雲大師是用身體去感受方位和地形，整個過程就是在音、風、光中，去一點一滴感受。大師用耳、舌、身根，去彌補眼根的不足，指點江山般確定了藏經樓的方位。這位置恰到好處，高高在上，正面看出去就是一覽無遺的高屏溪。結果看似簡單，其實過程還真是奇妙無比。你會驚訝於星雲大師看不到，卻能眼觀六路將一個整體的規劃設計出來，以至那些專業的設計師都無法置信。

星雲大師要他的弟子推著輪椅，從山坡下往上，要求等速度向前推進。在凹凹凸凸的山坡路上，等速度怎麼可能？嚴格的大師自有定見毫不退讓，弟子推了幾步，大師叫弟子退回去，「我告訴你是等速度，怎麼會忽快忽慢？」弟子再繼續推，然後大師還說不對，再退回去。侍者有點不耐煩的說：「師父不可能等速度，凹凹凸凸的。」星雲大師指責：「你這都是藉口！」

多次練習一直到星雲大師感覺速度對了，才放開往上推行。等到大師說等速度差不多了，保持這樣的速度，開始推。一口氣到指定地點，星雲大師說出了距離的數字，要徒弟拿圖紙來。平面圖鋪開，總長度絲毫無差。

慧知法師問：「師父，您眼睛沒看到，怎麼會知道這個總長的？」

星雲大師回答說，我要他等速度啊！那輪椅有大概的直徑，我換算大概花掉了多少時間，就知道這總長有多少。星雲大師的科學數據，讓一旁的建築師們無不深感佩服。

藏經樓整個工程處處都是挑戰。地處山坡的兩個基地落差十八公尺，等於是六層樓高，最簡單的方法就是做一個長階梯，直達藏經樓主樓。

星雲大師說：「樓梯太長，往上走會很累，設計時要迂迴，要讓人不斷有驚喜，還可以走走停停。讓人走到上面時，不覺得累。」

十八公尺高的陡坡，慧知法師依正常的高度去衡量，須建一百三十個階梯，大師卻說上下調整一下，只要一百零八階即可。此時，設計圖已經出來了。弟子說：「沒有，以法規樓梯的寬和高換算，一百三十階。」星雲大師堅持一百零八階。弟子說：「那這樣不符合法規啊！也不好走，而且我們高多少和寬多少都是依據師父您的指示，這樣才會讓人家覺得不是走樓梯，僅僅就像走在平地上一樣啊！」

星雲大師說：「人間佛教要符合人性的要求，你們不懂得人性怎麼懂人間佛教？」樓梯也和人性有關，從第一階開始，沒有人要走這麼長枯燥的樓梯。星雲大師的構想是從樓梯走上去先遇到照壁，讓大家看一看蓮香聖跡。欣賞了藝術之後，心有餘力，再往上。左右兩邊還有一段小小的建築，也不會有太多的樓梯，走上去又見桃花源的不同景色。這已經是分開幾段走了，而不是一口氣走上去。

往上，還有三門：慈悲門、般若門和菩提門。星雲大師是要讓信眾走一段，看一下，再走一程又遇驚喜，接著再走兩段就到了。旁邊的兩個無障礙圍欄又把整個坡度拉長，拉長之後更緩一點，走完這一程，階梯的數目剛好就是一百零八階。

眾人頓然醒悟，星雲大師的建築原理，真正體現人間佛教的思想，人性化的設計，完全站在信眾角度考慮。

有一天，星雲大師突然問：那兩個梯塔蓋了幾層樓，聽到回答說蓋了六層，星雲大師說不夠，要蓋七層。弟子們說都蓋好了，大師說不行，再加上去！弟子自然照做。

就這樣，梯塔由六樓變成了七樓。完成後，建築師都讚歎不已，比例全對了。六層看上去又矮又肥又短，和後面的建築群完全搭不起來，整個建築群突然間凹進去了。多了那一層之後，梯塔比例勻稱，變得很壯觀，覺元法師跟我介紹時還是讓人感到難以置信，這太神奇了，視力不好的大師到底有沒有看到啊！

星雲大師說，中國建築就是要錯錯落落，才會有氣勢。如今的藏經樓，從每一個角度看，沒有一個屋簷是重疊的，整個氣勢是飛向天際，那種美感是殿宇輝煌，和佛光山的大建築群連成一氣。

早在四十年前，星雲大師曾經親手植下四十棵菩提樹於後山，老人家已經九十歲了還記得這些菩提樹。他想移植過來美化「藏經樓」的庭園。

四十年了，這些菩提樹早就盤根錯節糾纏不清，移動談何易事。來了六家廠商競標都相繼流標，因為工程浩大，如果移植失敗，那是賠不起的。主持招標的師兄非常的煩惱，星雲大師一點不急，還勸慰他說，不用擔心，可以承包的廠商很快就要來了，師兄還是半信半疑。

第七家承包商是樹木移植世家，他欣然接下這個任務，其父親還擔心說：「傻孩子，你怎麼接下這麼困難的任務，如果這些樹有什麼狀況，我們怎麼賠得起人家呢？」不過，經過大家發下最大宏願與努力，意外沒有發生，每棵樹都移植成功，現在好好的錯落樹立在「藏經樓」的庭院裡，增添美好芳華。

走進「藏經樓」，整個大廳沒有一根柱子，隱約中還有一股檀香木的清香撲面而至，這是台灣特有的檜木香。

講到檜木還有故事。所有這些台灣檜木是一個居士捐贈的，演繹著一個讓人聽來動容的故事。佛光山開山，星雲大師從來不撥出佛光山的空間讓人供養，他不願讓人負擔太重。而這位居士的願望，大師卻破例成就了他。

這位台灣人是以一個生命的故事說服了星雲大師。在人生最低迷的時候，他生意失敗，眾叛親離下走投無路，心意已絕，想一死了之。

走在死亡路上的他，看到一個書店就拐進去了，東看看西望望。看到了星雲大師的一本書，抽出來，從頭開始翻看，後來索性坐下來把整本書都看完。他把書放回書架，決定不自殺了，重新振作起來，實現了重振事業的願望。

現在，人在廈門，生意做得很好。他得知星雲大師要建「藏經樓」，找到承辦法師，希望有回饋的機會。星雲大師聽了他的故事，才破例圓了這位有心人的心願。

藏經樓處處都是星雲大師的墨寶，浸透的是星雲大師佛學理念和為人之道的哲理。在星雲大師〈對治百法〉（參三〇〇頁）前，我停下了腳步。一百幅「對治」，據說大師八十九歲時，用不到一天時間寫完的。覺元法師說，有一些心理學家來看了之後，認為所有的心理學家都應該來研究大師的對治百法，因為每一個對治都是一個信念，闡述得非常細膩。

「以我對你真誠來對你對我的虛假」，有時候在這當中是很多信念的對應和對照。用仁愛對治殘暴；用感恩對治無意；用開放對治封閉；用和諧對治對立；用合眾對治孤僻；用知足對治貪婪……，這些對治句都是對仗的。台灣前總統馬英九先生對著一句句念，直到一百條全部念完，果然是模範生。

我在星雲大師撰寫的「對治百法」中隨手抽出一條，上寫「用靜思對治妄動」，這確實說中了要害。我幾乎要叫出來，大師講得真對。上了年紀的我，似乎還有不甘，仍不停的想這想那，毫無節制的追求，此時星雲大師給了我指點，我的那點小心思全被大師看透一樣。星雲大師對人心、對社會看的很透澈，有很細膩的了解。

站在佛光山這一片佛光佛氣的土地上，感受一方佛海無邊、一片佛光普照，思念生命的意義會豁然開朗。星雲大師以大智慧和千千萬萬信眾發願與戮力實踐的成果，肅穆而珍貴，莊嚴而永恆。

星雲大師實現宏願

少年時的星雲大師早已勾勒出他整個人間佛教的藍圖，很多想法和願景在二十幾歲時就已寫在筆記上、黑板上與眾宣說，用他的一生來實踐，打造出「佛說、人要、淨化、善美」的佛光世界。

三十六歲那年，星雲大師曾提出，佛教需要一所大學，直到他七十歲的時候，創辦了第一所大學，之後，佛光山在全世界創辦了五所大學。他很多的想法和願景早就已經想好和勾勒好了。

驚歎藏經樓之宏偉及巨大規模之餘，你會在其中看到星雲大師的宏願。星雲大師的第一個五十年：「以文化弘揚佛法、以教育培養人才、以慈善福利社會、以共修淨化人心」四大宗旨完成了全球佛光山的弘化榮景。而今佛光山教團以具足佛法僧的三寶山，統合了文化、教育和慈善共修體系，進入第二個五十年的佛光山。

佛光山的文化有出版社，有影音的電視台、唱片公司、報社，還有分布在世界各地的美術館，乃至佛陀紀念館的展覽館，所有文化相關都屬於「文化弘揚佛法」。接下來就是教育培養人才，教育涵蓋僧伽的教育、社會教育到信眾的教育。佛光山蓋的第一棟建築物不是殿堂，而是佛學院，星雲大師認為，僧才教育才是一切的根本，唯有僧才教育生根，才有可能為未來佛光山的千年萬代，立下很重要的根基，才有能力管理佛光山全世界三百多個道場的成立與發展。所以他的遠見、他的智慧以及他對佛光山未來的規劃，擬定了前後次序和輕重緩急。重點，在於教育培養人才，培養了僧才，當然也建立檀講師制度，培養在家居士一起弘揚佛法。

接下來就是以慈善福利社會，慈善的根本其實還是教育。佛光山對於慈善有一個很重要的態度，就是「救急不救窮」，給急難的救助是即時需要的，可是後續真正的是給予教育引導。覺元法師說，在九二一大地震的時候，雖然第一時間在救災，乃至於物質的提供，佛光山也協助重建學校及家園之外，在當地設佛光園做心靈輔導，時間長達十年，佛光山才撤出，也就是說最後真正的慈善是撫慰心靈到教育的引導。另外，除慈善福利社會之外，還有共修淨化人心。

共修的形式很寬廣，它不僅只是寺廟道場的法會，現有的讀書會、茶禪也都是，還有合唱團也是另外的一種音樂的共修。第一個五十年大師以佛光山四大宗旨開枝散葉，形成了佛光山三百多個道場以及佛光山各種弘法事業體系。

第二個五十年開始，開展所謂的三寶山，第一個就是以佛陀紀念館為代表的「佛寶」，有佛牙舍利等寶藏，除此之外它主要負責佛光山所有的文化統整。

覺元法師告訴我：「佛光山進入了完全的制度領導與集體創作的時代。過去五十年佛光山佛教成就，是因為創辦人星雲大師的智慧帶領，未來的五十年如何讓所有眾弟子加起來等於一位星雲大師，集體創作就變得很重要。」

星雲大師是千年第一人，沒有一人可以追得上，更難說超越，唯有整合才可以成為力量。如果開枝散葉後的佛光山如五個手指頭，它們雖各自有力量，但它若握起來就會成為一個拳頭的力量。集星雲大師人間佛教的思想，具足三寶的佛光山擔負著重責大任。

聚焦的力量，整合了資源，集體創作成為可能，創佛光山要開創另一個新的里程碑。覺元法師說，代表「法寶」的藏經樓其實說穿了就像教育部；代表「佛寶」統籌整個佛光山文化就如同文化部；負責全世界三百多個道場的都監院，是代表僧眾所在處的僧寶山。佛光山完成了佛法僧三寶的具足，它切切實實融和了佛光山四大宗旨的精神。

二〇一六年星雲大師曾經發表過一篇〈佛光山的未來與發展〉，文中表達掛念弟子們是否可以接好他的衣鉢，並叮囑他的弟子一定要「團結一致、集體創作、續佛慧命、光大佛教」，覺元法師表示，這說明接好大師衣鉢的不是佛光山的哪個人，而是佛光山的全體。「我沒有聽過大師解說過隻字片句，我只是在大師的文章，以及多年和他互動學習，個人深刻的感受到這樣的一個想法。」覺元法師的一個想法，卻是星雲大師的一個大智慧，一個宏大目標。

慧寬法師是佛光山北京光中館執行長，曾經有一位領導到北京拜訪他。這位領導問：「佛光山星雲大師是千年第一人，請問佛光山已經培養出第二個星雲大師了嗎？請問在哪裡？」慧寬法師機智靈巧的回答：「誠如領導您所說的星雲大師是千年才出現一個，如果要出現第二個可能要再等一千年。星雲大師有一千三百多個出家弟子，加起來就是第二個星雲大師。」

誠如世界上佛陀也只有一個，也不可能培養出千千萬萬個佛陀。星雲大師說：「大家都可以成佛。」我理解的意思是，雖說人人可以成佛，正是整體成佛的過程，才是最後形成的另一個佛陀。

「走近星雲大師」從拜見、結識星雲大師開始，和佛結緣並可以行走在成佛之道，

星雲大師與叢林學院師生於佛光山大雄寶殿成佛大道
（前排左起：永本法師、慈惠法師、星雲大師、覺念法師）

到觸碰到星雲大師構劃佛光山圓滿藍圖，星雲大師的諄諄教誨成為我生命歷程中重要的旋律。與星雲大師結緣中體驗與佛的緣分，給生命加油中更充實內涵而讓生命別具意義。這個歷程，也讓我們更懂得不斷創造圓滿的人生價值和意義！

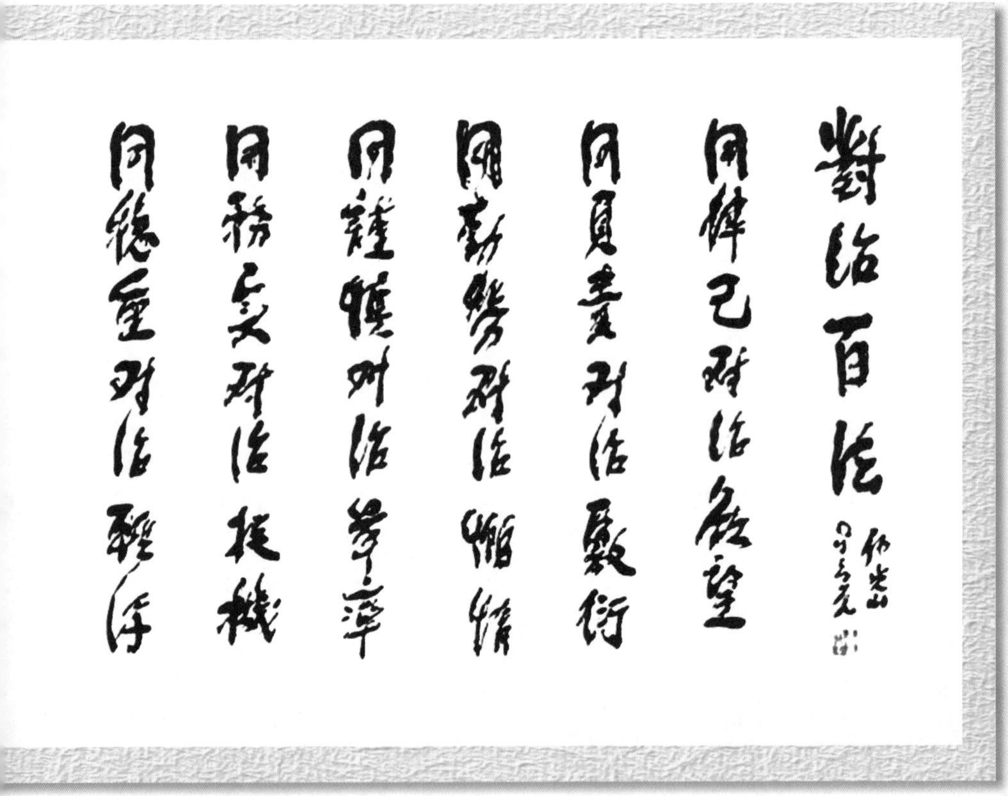

〈對治百法〉

用律己對治欲望

用負責對治敷衍

用勤勞對治懶惰

用謹慎對治草率

用務實對治投機

用穩重對治輕浮

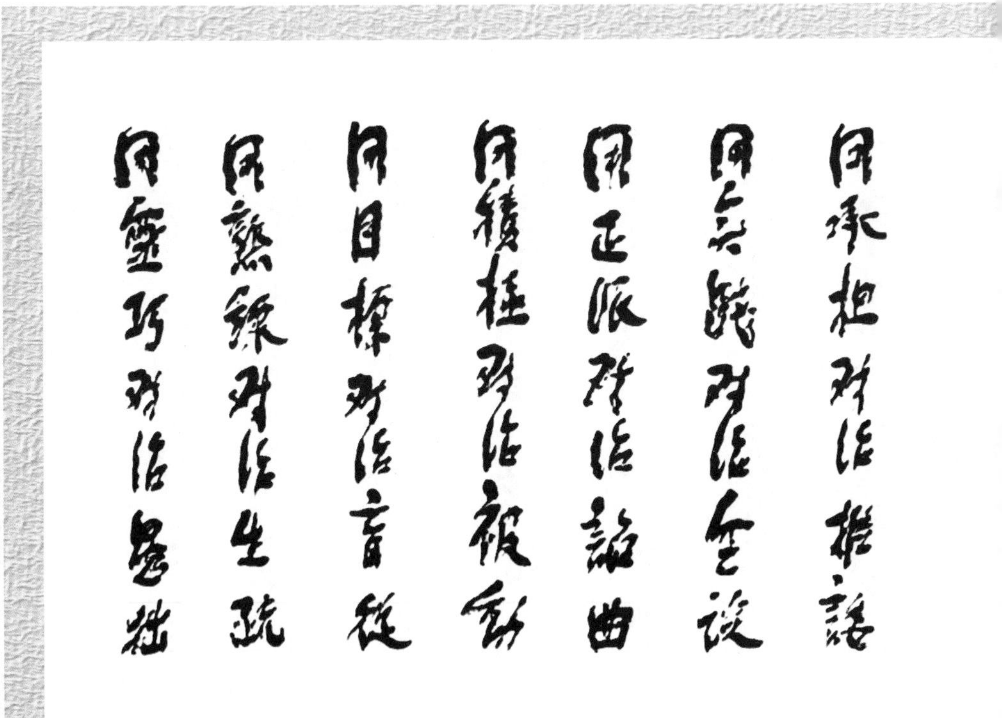

用承擔對治推諉

用實踐對治空談

用正派對治諂曲

用積極對治被動

用目標對治盲從

用熟練對治生疏

用靈巧對治愚拙

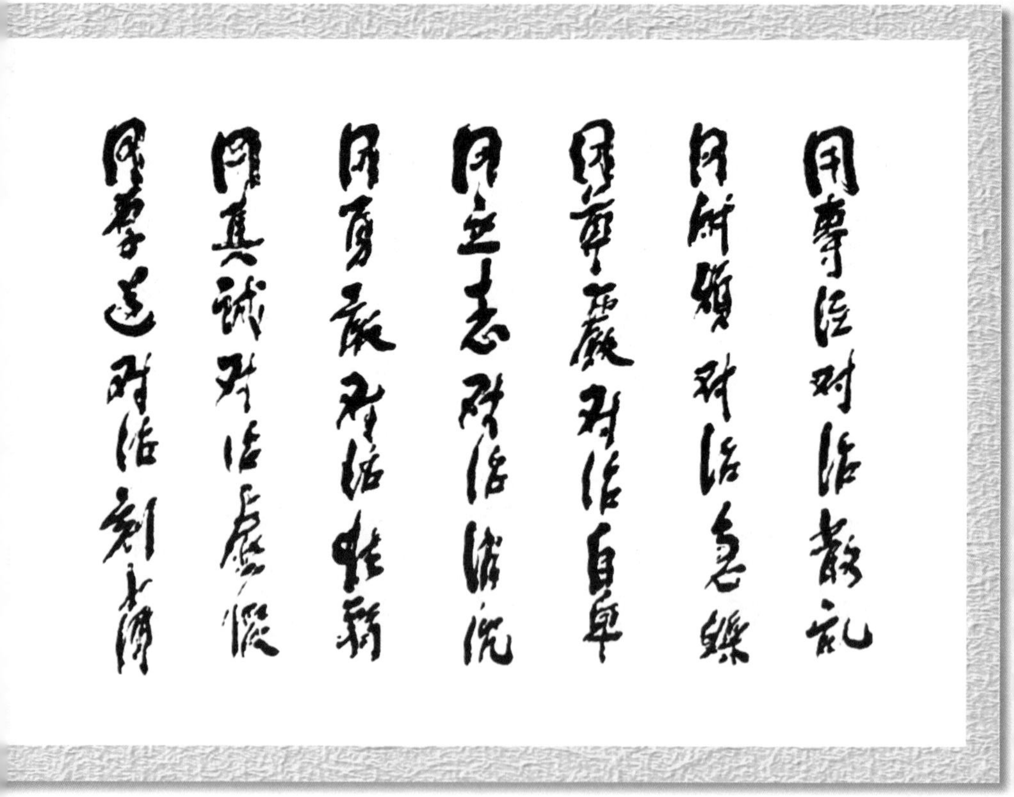

用專注對治散亂
用耐煩對治急躁
用尊嚴對治自卑
用立志對治消沉
用勇敢對治怯弱
用真誠對治虛假
用厚道對治刻薄

用謙虛對治傲慢
用禮讓對治爭執
用包容對治怨恨
用信任對治猜忌
用知足對治貪婪
用淡泊對治虛榮
用大方對治小氣

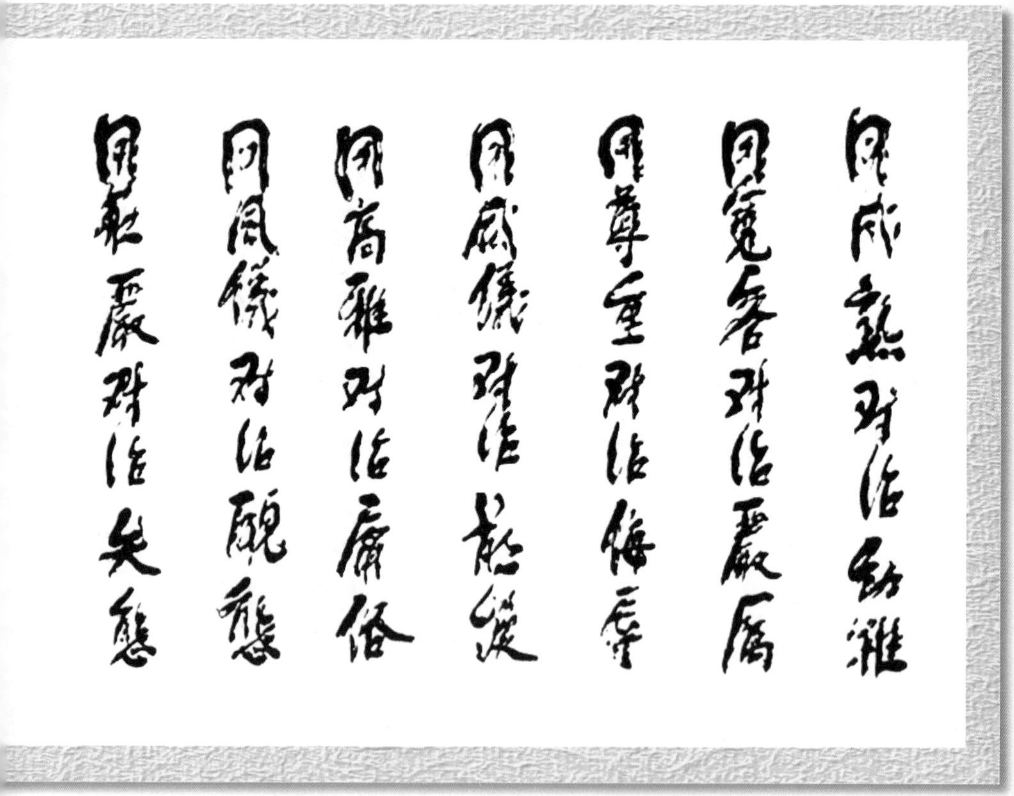

用成熟對治幼稚
用寬容對治嚴厲
用尊重對治侮辱
用威儀對治散漫
用高雅對治庸俗
用風儀對治醜態
用莊嚴對治失態

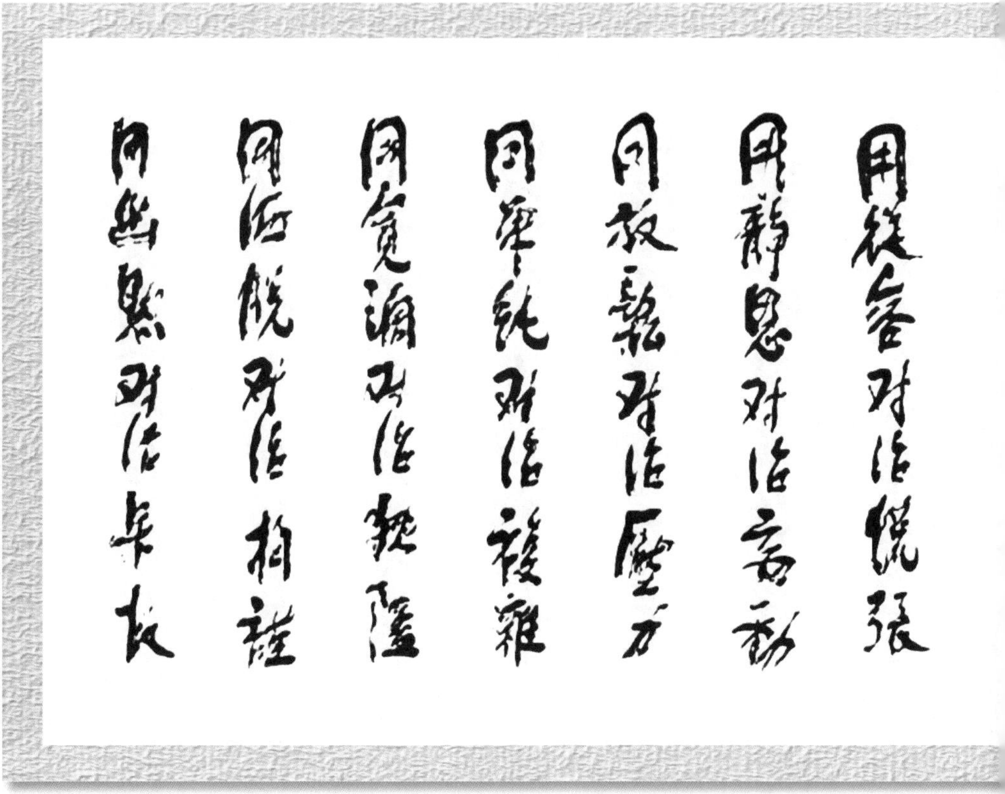

用從容對治慌張
用靜思對治妄動
用放鬆對治壓力
用單純對治複雜
用寬闊對治狹隘
用灑脫對治拘謹
用幽默對治呆板

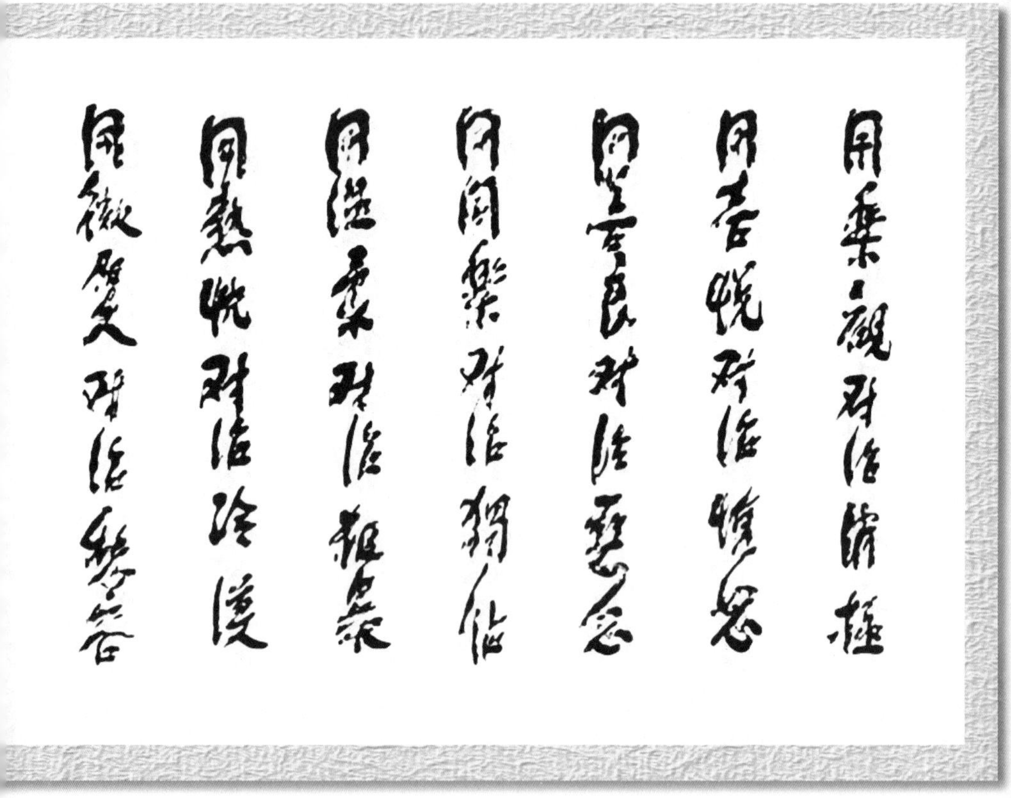

用樂觀對治消極
用喜悅對治瞋怒
用善良對治惡念
用同樂對治獨占
用溫柔對治粗暴
用熱忱對治冷漠
用微笑對治愁容

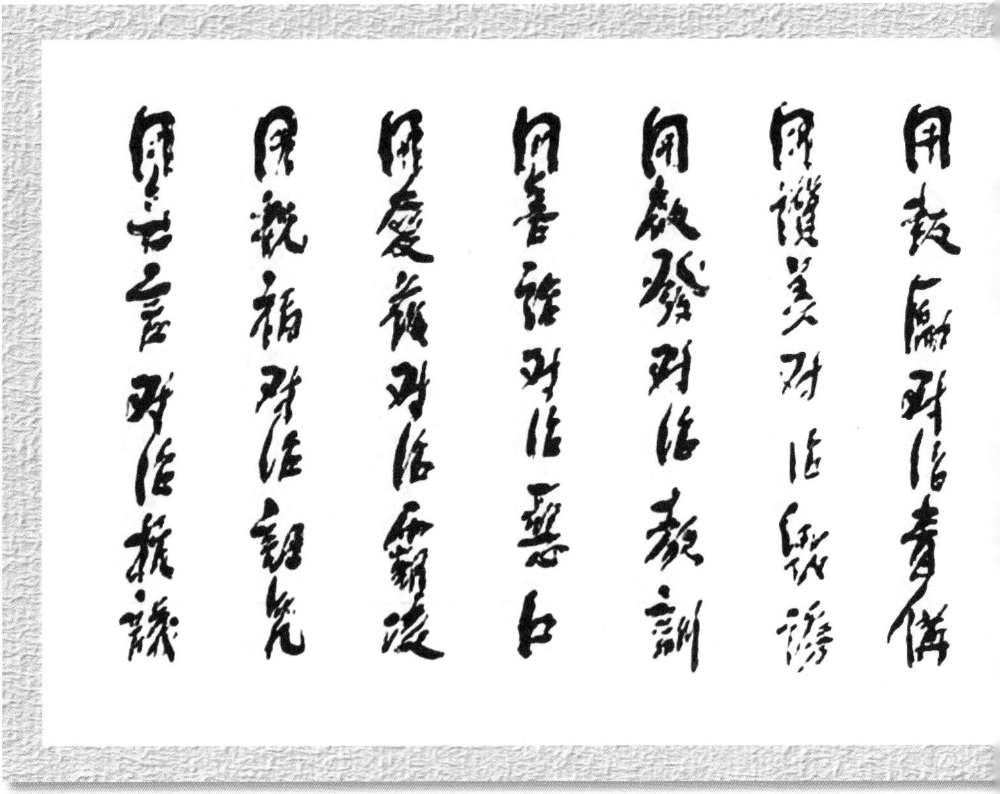

用鼓勵對治責備
用讚美對治毀謗
用啟發對治教訓
用善語對治惡口
用愛護對治霸凌
用祝福對治詛咒
用無言對治抗議

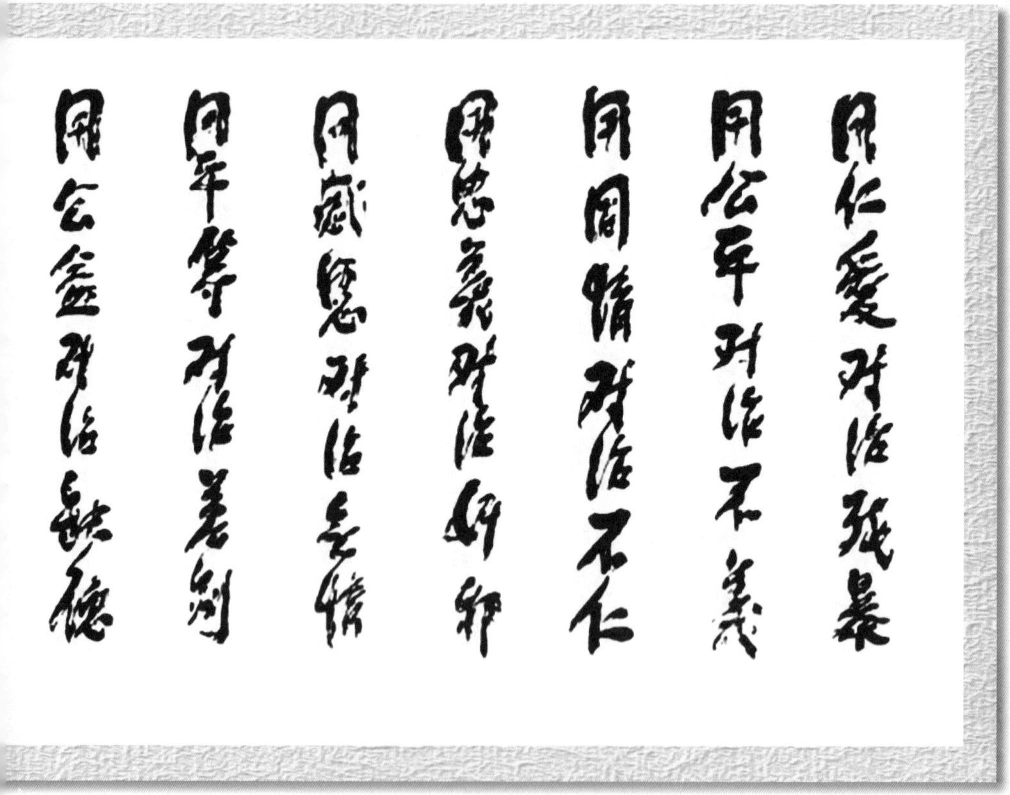

用仁德對治殘暴
用公平對治不義
用同情對治不仁
用忠誠對治奸邪
用感恩對治無情
用平等對治差別
用公益對治缺德

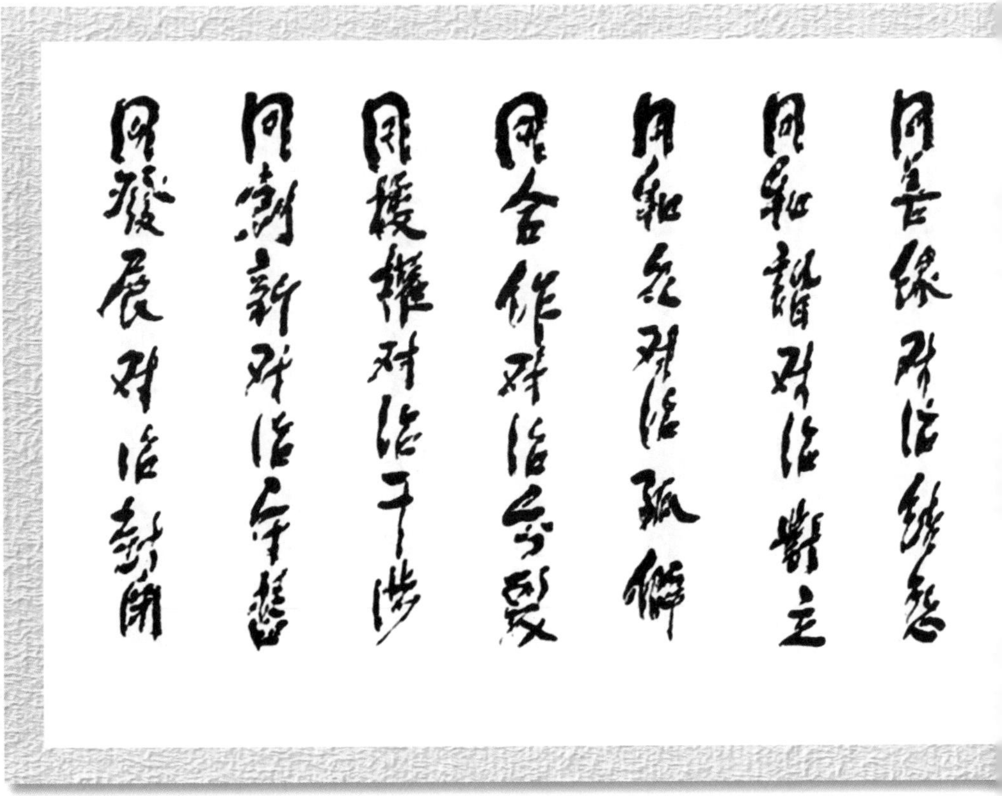

用善緣對治結怨
用和諧對治對立
用和眾對治孤僻
用合作對治分裂
用授權對治干涉
用創新對治守舊
用發展對治封閉

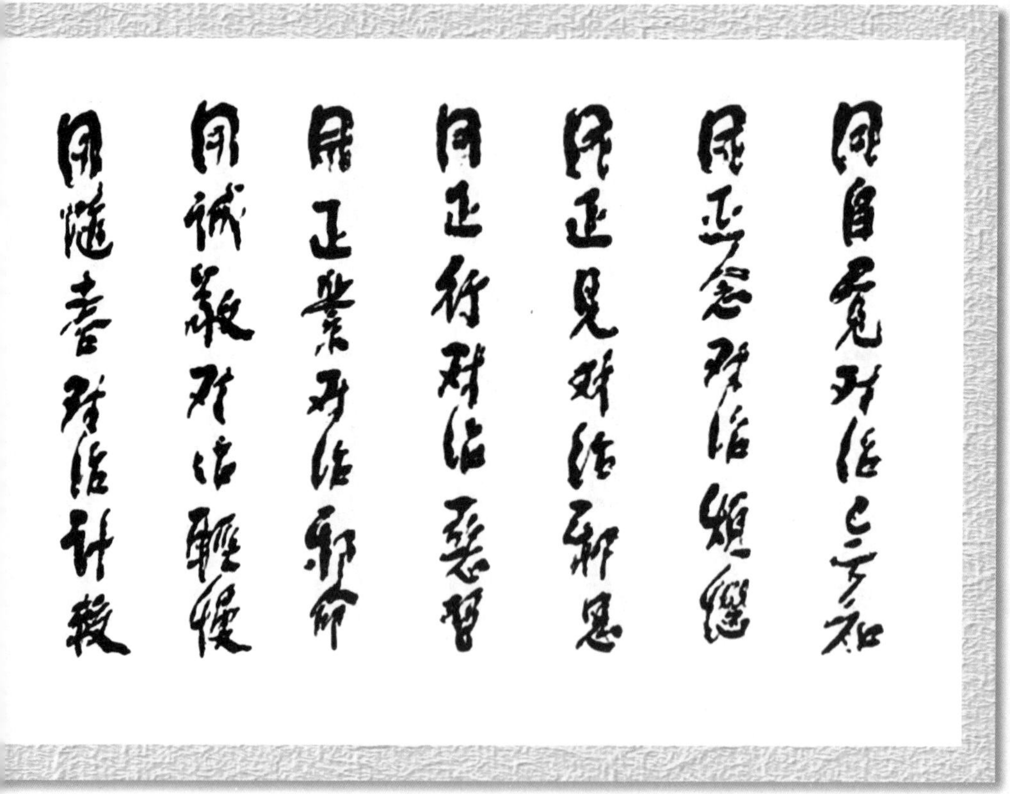

用自覺對治無知
用正念對治煩惱
用正見對治邪知
用正行對治惡習
用正業對治邪命
用誠敬對治輕慢
用隨喜對治計較

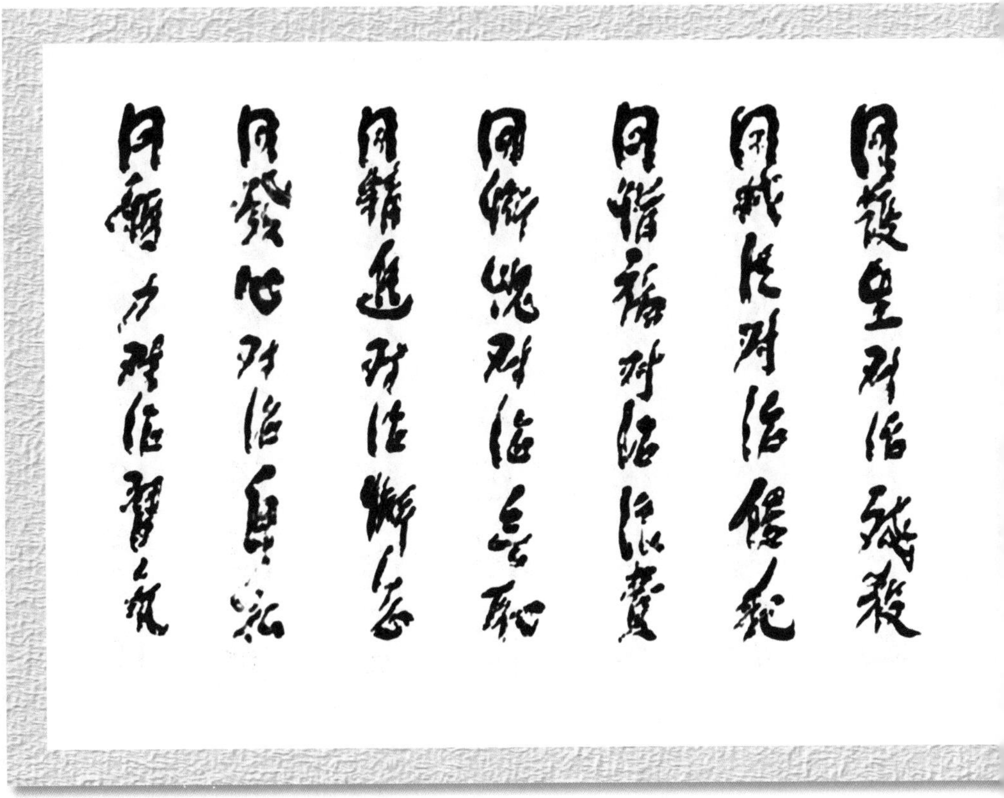

用護生對治殘殺
用律法對治侵犯
用惜福對治浪費
用慚愧對治無恥
用精進對治懈怠
用發心對治自私
用願力對治習氣

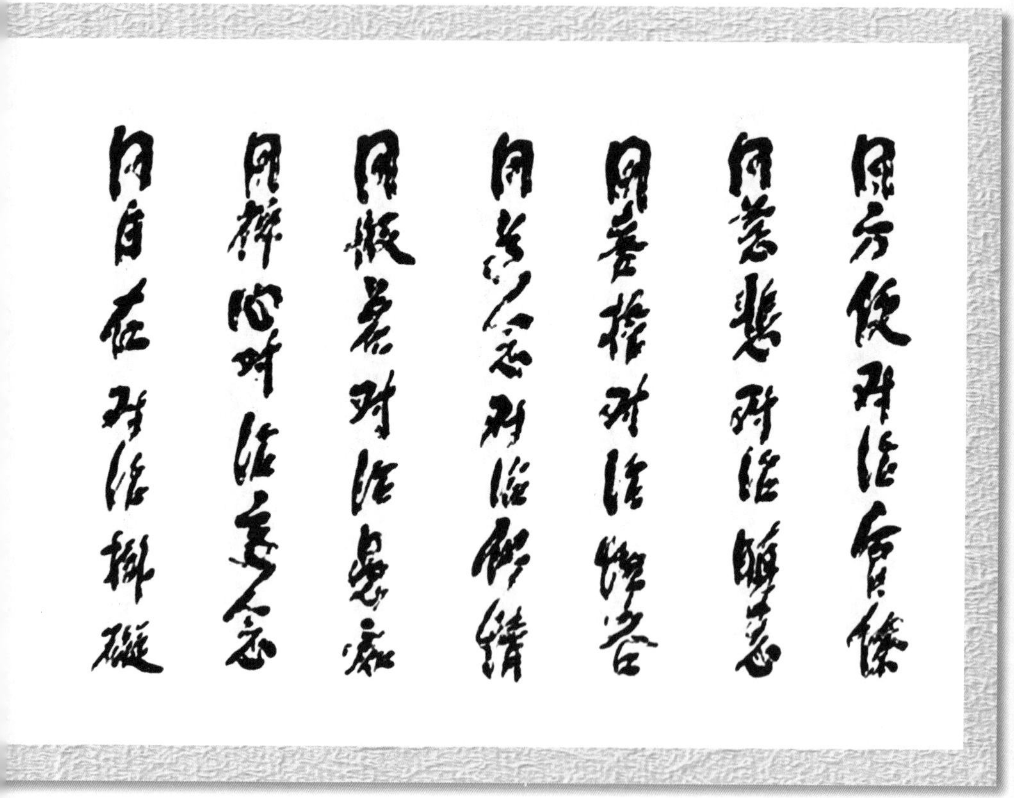

用方便對治官僚
用慈悲對治瞋恚
用喜捨對治慳吝
用道念對治俗情
用般若對治愚癡
用禪心對治妄念
用自在對治掛礙

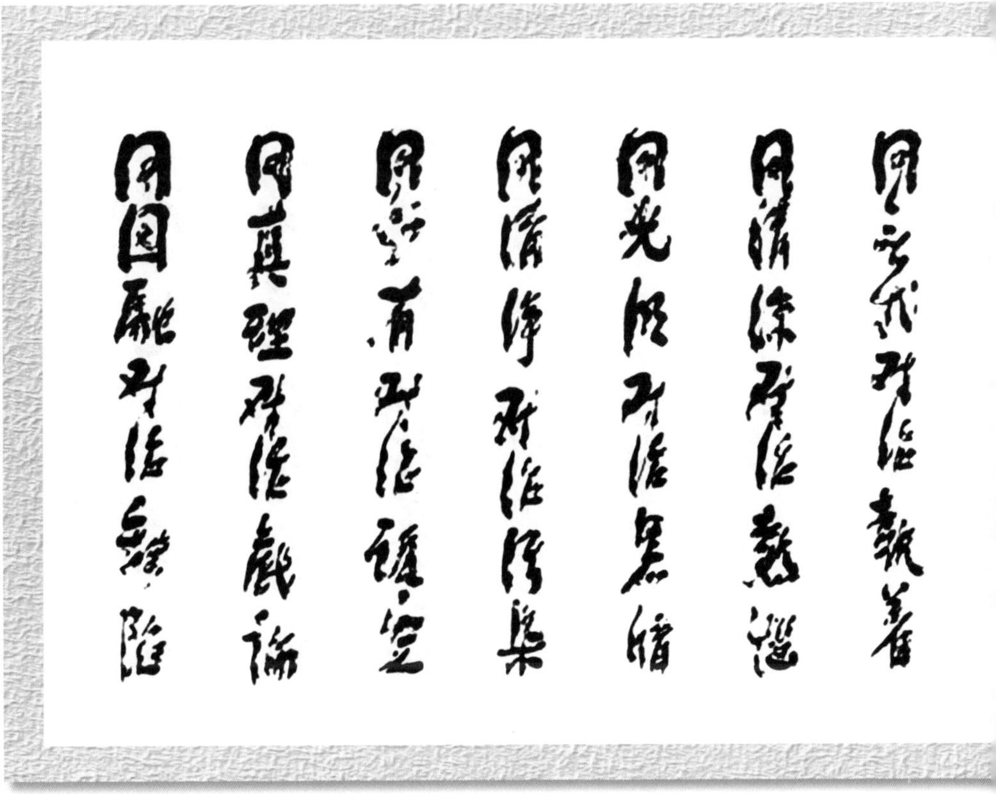

用無我對治執著
用清涼對治熱惱
用光明對治黑暗
用清淨對治汙染
用妙有對治頑空
用真理對治戲論
用圓融對治缺陷

用緣起對治成敗

用中道對治偏執

用圓滿對治生滅

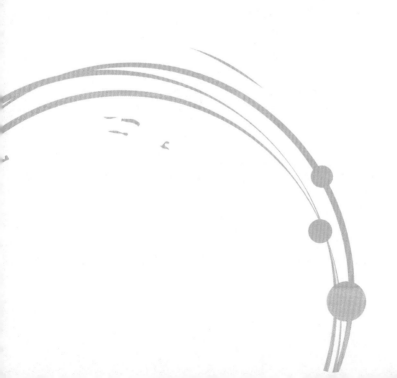

後記

不負眾望

任職記者是到香港後半路「出家」。我沒學過新聞，到香港後的將近十年中，都沒接觸過媒體職場。自任職《亞洲週刊》後，二十多年的記者生涯中，給了我接觸不少世界知名高僧的機緣，有人因此讚譽我「與佛有緣」。

與佛有緣自然讓人歡喜，仔細想來，這些緣都是佛給的，是這些高僧大德一次又一次給我的機會，有時還會因為自己不上心而不慎丟失。這在《人間佛緣——走近星雲大師》一書中有敘述。

星雲大師就是這樣的一位善者，雖然開始我只是盡一個記者的本分，真實記錄與大師訪談的點點滴滴，星雲大師卻一直給於鼓勵，一次一次給我機會，以救贖我們的靈魂啊！

自與星雲大師有緣之後，無論是人生還是工作遇到什麼不順暢，有什麼坎坷，都會想到佛光山。當然不敢奢望每一次都有機會覲見星雲大師，卻都會想到大師的鼓勵，那時會覺得有一種寬慰在心頭。大師倡導「人間佛教」，他就是拯救世人的活菩薩。這樣的體驗，在美國西來大學當訪問學者時，也曾和依空法師閒聊過，他還曾想讓我去西來寺講講。這個其實我不敢，佛光山法師個個都是知識淵博的高人，他們的體驗會更深。

近些年，每次上佛光山，都得慧是法師接待，交談中會講到我得益星雲大師的一些故事，慧是法師好幾次鼓勵我，讓我儘快把這些故事寫下來，整理出書。因此，醞釀寫一本與星雲大師緣分的書好久了。

因為經常去佛光山香港道場，滿蓮法師、永富法師知道我有這樣的心願，也常給予鼓勵。佛光山的法師們就是如此，永遠給你奮進的動力。

四年前，母親不幸腦溢血至植物人，住在上海的醫院。就在她生命最危險的時刻，依空法師委託滿蓮法師專程趕去醫院探望。滿蓮法師緊握著母親的手，為她誦經，並將佛像放在病床前。奇蹟出現了，母親轉危為安。

今年農曆新年，正值星雲大師出家八十一週年紀念，如常法師讓妙凡法師聯絡我，希望我寫一篇短文，談談我眼中的星雲大師。這正是我思考多年的內心湧動，我欣然接受，利用農曆新年假期撰寫了一篇〈人間佛緣——走近星雲大師賜佛緣〉。

大年初二，寫完初稿寄給妙凡法師，法師給了我意想不到的讚許。妙凡法師說：「您寫得好精采，引人入勝。一則一則和師父之間的對話，都可以成為『如是我聞』的經典了。就像過去記載佛陀言行錄的《阿含經》一樣，入情入理，絲絲入扣，可作為我佛光子弟的教材了。」

知道妙凡法師這是在鼓勵我，但的確也給我動力，敦促我儘快撰寫，讓《人間佛緣——走近星雲大師》成書，以不負眾望。

經過大半年的努力，書稿完成了，故事其實還沒有說盡，星雲大師給予我們生命的啟示，實在是一言難盡。

撰寫此書，一是為了回顧生命的記憶，同時也為感激、感恩星雲大師給予我的生命力量，給予的佛緣；也要感謝佛光山的眾多法師，在我的生命中一一給予的關懷。我的不少專訪報導，妙廣法師都一字一句看完，給予修改意見，讓我感受佛，離佛更近。了解佛光山的故事、了解星雲大師的「人間佛教」，很多受益莊師父、惠師父、容師父，以及依空法師的循循善誘。

一段緣，是改變你生命的新軌跡，更何況佛緣，足以讓理想腳踏實地，讓生命不再遙遠。

二〇一八年十二月二十六日香港

人間佛緣001

人間佛緣　走近星雲大師

作　　者　紀碩鳴

封面題字　星雲大師
照片提供　紀碩鳴・佛光山檔案照

總 編 輯　賴瀅如
主　　編　田美玲
編　　輯　蔡惠琪
美術設計　蔡佩旻

出版・發行　香海文化事業有限公司
發 行 人　慈容法師
執 行 長　妙蘊法師

地　　址　241新北市三重區三和路三段117號6樓
　　　　　110臺北市信義區松隆路327號9樓
電　　話　(02)2971-6868
傳　　真　(02)2971-6577
香海悅讀網　www.gandha.com.tw
電子信箱　gandha@gandha.com.tw
劃撥帳號　19110467
戶　　名　香海文化事業有限公司

總 經 銷　時報文化出版企業股份有限公司
地　　址　333桃園縣龜山鄉萬壽路二段351號
電　　話　(02)2306-6842

法律顧問　舒建中、毛英富
登 記 證　局版北市業字第1107號

定　　價　新臺幣 350元
出　　版　2019年8初版一刷
I S B N　978-986-97229-3-3
建議分類　人間佛教　人生哲學

版權所有　翻印必究

國家圖書館出版品預行編目（CIP）資料

人間佛緣：走近星雲大師 / 紀碩鳴作. -- 初版. --
新北市：香海文化, 2019.08
320面；14.8×21公分. -- (人間佛緣；1)
1.人間佛教 2.人生哲學
ISBN 978-986-97229-3-3(平裝). --
225.87　　108006105